Thomas Alber

Pater Johannes Leppich

Das Maschinengewehr Gottes

Fe-Medien, Kisslegg

1. Auflage 2019
© Fe-Medienverlag, Hauptstr. 22,
D-88353 Kisslegg-Immenried
www.fe-medien.de

Alle Rechte vorbehalten

Satz und Layout: Renate Geisler
Cover: © Stadtarchiv Bamberg; Alfons Steber, Bamberg
Umschlagrückseite: Gerhard Juchem, Ganderkesee
© VG Bild-Kunst, Bonn 2019

Druck: orthdruk, Białystok, Polen

ISBN: 978-3-86357-239-6

Thomas Alber

Pater Johannes Leppich

Das Maschinengewehr Gottes

Über den Autor

Thomas Alber, Jahrgang 1957, ist in Friedrichshafen am Bodensee aufgewachsen. Nach seinem Studium zum Dipl. Verwaltungswirt (FH) arbeitete er bis zu seiner Pensionierung bei mehreren Behörden. Seit Jahrzehnten ist er mit digitalen Bildvorträgen mit vorwiegend religiösem Inhalt in Baden-Württemberg, Bayern und Vorarlberg unterwegs (www.alber-diavortrag.de).

„Auf meinen Reisen habe ich die Gräber
vieler Religionsstifter gesehen.
Aber nur bei einem Religionsstifter
habe ich das Grab leer gefunden:
Bei Jesus Christus, der von den
Toten auferstanden ist."

Pater Johannes Leppich SJ

Inhaltsverzeichnis

Vorwort

Die Aktivität von Pater Johannes Leppich für die Kirche im deutschen Sprachraum verdient eine späte Würdigung. Der Jesuitenpater hat es in der Nachkriegszeit in ungewöhnlicher Weise verstanden, Hunderttausende von Christen dazu zu bewegen, Verantwortung in der Kirche zu übernehmen. Er tat dies lange vor dem 2. Vatikanischen Konzil und dem damit verbundenen pastoralen Aufbruch der Laien. Er brachte das Evangelium buchstäblich „auf die Straße zu den Menschen". Vieles was er tat und wozu er aufrief, war in seinen Jahren noch völlig ungewöhnlich: Dass außerhalb der Kirche gepredigt und in der Öffentlichkeit gebetet wurde, dass Nichtpriester kirchliche Initiativen ergriffen, dass neue und ungewöhnliche Wege der Seelsorge beschritten wurden.

Längst bevor es Pfarrgemeinderäte gab, die für die Seelsorge Verantwortung übernahmen, taten dies die „Teams" der von Pater Leppich gegründeten „action 365". Auf Leppichs Vorschlag hin warteten Laien nicht mehr auf Wünsche oder Befehle von Pfarrern, sondern engagierten sich von selbst. Ihr Denken richtete sich auf die Seelsorge vor Ort und auf die Mission und die Bekämpfung der Ungerechtigkeit rund um den Globus.

Pater Leppich nahm kein Blatt vor den Mund, wenn er Bischöfe und Priester kritisierte und den Laien zurief, sie müssten aktiv werden, wenn sie wollten, dass sich in der Kirche etwas bewege.

Hunderttausende von Katholiken und einige Tausend evangelische Christen ließen sich von ihm auf den Weg nehmen, um in den Kirchen das voranzubringen, was Pater Leppich ihnen zumutete oder empfahl.

Vieles, was heute in den Pfarrgemeinden selbstverständlich ist, hat Pater Leppich angestoßen. Und er wollte nicht nur „Aktivisten", sondern wollte auch spirituelle Vertiefung. Denn alle seine Aktivisten in der „action 365" sollten täglich in der Bibel lesen und regelmäßig die geistlichen Übungen in Kurzexerzitien machen.

Bei allem, was seine Persönlichkeit erstaunlich macht, war er nicht nur der unangepasste Straßenprediger, sondern auch ein pastoraler Neudenker.

P. Eberhard v. Gemmingen SJ

Einführung

„Darum geht und macht alle Völker zu meinen Jüngern; tauft sie auf den Namen des Vaters und des Sohnes und des Heiligen Geistes und lehrt sie, alles zu befolgen, was ich euch geboten habe. Und siehe, ich bin mit euch alle Tage bis zum Ende der Welt." (Mt 28,19-20)

Jesus hat seinen Jüngern einen klaren und bis zu seiner Wiederkunft gültigen Missionsauftrag erteilt. Und diese Verpflichtung richtet sich nicht nur an die geweihten Amtsträger unserer Kirche, sondern an jeden einzelnen Christen. Aber wir haben es in unserem Land fast verlernt, zu missionieren. In kollektivem Selbstmitleid leben wir damit, dass das Glaubensleben in Deutschland und auch in anderen Staaten immer mehr einer säkularisierten Wohlstandsgesellschaft Platz macht und teilweise bis zur profillosen Unkenntlichkeit verkommt.

Nun werden einige einwenden, dass es schwer ist, für eine Kirche zu werben und zu missionieren, die in den letzten Jahren zum Beispiel von Missbrauchsskandalen erschüttert worden ist. Dieser Einwand muss ernst genommen werden. Es ist schlimm, was da geschehen ist, aber darf dieser Einwand Missionierung verhindern? Nein, im Gegenteil! Resignation wäre der vollkommen falsche Weg.

Und noch eines macht Missionierung in heutiger Zeit schwer: Die Angst! Ich bin zwar kein „Liturgietourist", aber ich bin viel unterwegs und höre damit in Kirchen so manche Predigten, bei denen mir eines auffällt. Oft wird nur noch das gepredigt, was die Menschen hören wollen. Ich spreche hier bewusst von „Wellness-Predigten". Zu groß ist die Angst des Predigers, dass sich Kirchenbesucher abgestoßen fühlen, sich beschweren oder gar aus der Kirche austreten könnten. Und ebenso haben auch wir Laien oft Angst, uns in unserem Alltagsleben zu Gott und seiner Kirche zu bekennen. Also ja nichts sagen, was Anstoß erregen oder gar Anlass zu Aufruhr sein könnte. Aber ich frage Sie als Leserinnen und Leser: Kann das auf Dauer der richtige Weg sein? Hätte Jesus auch so gehandelt? Nein, Jesus hat zu seiner Zeit durchaus mit einer gewissen Radikalität gelehrt. Vieles hat dabei Mut gemacht, aber manches sollte eine Warnung darstellen und eine heilsame Angst im Hörer des Wortes hervorrufen. Wir müssen beides ernst nehmen, das Mut machende und das Angst einflößende Wort Gottes. Alles andere wäre eine Beugung des Evangeliums entsprechend unserem eigenen Wunschdenken und dem Zeitgeist.

Einem, dem Missionierung in diesem Sinne nicht gleichgültig war und der für sich in seiner Zeit seinen ganz eigenen Weg der katholischen Missionsarbeit im deutschsprachigen Raum gefunden hatte, war der Jesuitenpater Johannes Leppich. Er war einer, der keine Angst hatte, wegen seiner religiösen Überzeugungen ausgelacht zu werden, und der auch Widerständen trotzte und dabei nie das Ziel aus den Augen verlor. Für ihn wurde ein Wort aus dem 2. Brief des Apostels Paulus an Timotheus Handlungsmaxime:

„Ich beschwöre dich bei Gott und bei Christus Jesus, dem kommenden Richter der Lebenden und der Toten, bei seinem Erscheinen und bei seinem Reich: Verkünde das Wort, tritt auf, ob gelegen oder ungelegen, überführe, weise zurecht, ermahne,

in aller Geduld und Belehrung! Denn es wird eine Zeit kommen, in der man die gesunde Lehre nicht erträgt, sondern sich nach eigenen Begierden Lehrer sucht, um sich die Ohren zu kitzeln; und man wird von der Wahrheit das Ohr abwenden, sich dagegen Fabeleien zuwenden. Du aber sei in allem nüchtern, ertrage das Leiden, verrichte dein Werk als Verkünder des Evangeliums, erfülle treu deinen Dienst!" (2. Tim 4,1-5)

Seine Form der Missionierung lässt sich natürlich nicht in die heutige Zeit eins zu eins übertragen, denn inzwischen haben sich die Menschen, die Zeiten und die Themen verändert. Manchmal ist er mit dem, was er sagte, vielleicht auch etwas über das Ziel hinausgeschossen, aber sein Beispiel kann uns Ansporn sein, in unserer schwierigen Zeit wieder verstärkt Missionsarbeit zu leisten. Für Papst Franziskus ist die Mission jedenfalls ein zentrales Anliegen, wenn er sagt:

„Heute ist es Zeit für die Mission, und es ist Zeit für Mut!"[1]

Pater Johannes Leppich hatte diesen Mut, den Papst Franziskus heute fordert, und dieser Mut hat den Menschen zur damaligen Zeit imponiert.

Mir sei noch ein ganz persönliches Wort gestattet. Eigentlich dachte ich zunächst nur an die Ausarbeitung eines digitalen Bildvortrages über Pater Leppich, für den sich mir wertvolle Archive öffneten und den ich dann in Kirchengemeinden halten wollte. Wenn nun auch noch ein Buch daraus geworden ist, dann ist das dem Umstand zu verdanken, dass mich der Mensch und Priester Johannes Leppich immer mehr faszinierte. Das lag sicherlich vor allem daran, dass Pater Leppich ein Leben lang für die Sache Gottes und seiner Kirche glühte und sie mit viel Gottvertrauen und Optimismus auf ungewöhnliche Weise in die Welt hinaustrug. Zum anderen wurde mir aber auch bewusst, dass er uns Laien gewaltig in die Pflicht nahm. Freilich sind auch der Papst, die Bischöfe, die Priester und die Diakone zur Missionsarbeit verpflichtet, aber wir Laien bilden die Masse des Kirchenvolkes und schon deswegen kommt es nicht zuletzt auch auf uns an, wie sich das Glaubensleben in unserer Gesellschaft entwickelt.

Wie heißt es doch in der 4. Strophe des modernen Kirchenliedes „Eingeladen zum Fest des Glaubens" (Gotteslob, 852, im Eigenteil der Diözesen Freiburg/Rottenburg-Stuttgart)?

„Aus den Dörfern und aus Städten, von ganz nah und auch von fern, mal gespannt, mal eher skeptisch, manche zögernd, viele gern, folgten sie den Spuren Jesu, folgten sie dem, der sie rief, und sie wurden selbst zu Boten, dass der Ruf wie Feuer lief: Eingeladen zum Fest des Glaubens…"

Ich möchte mit diesem kleinen Buch jedenfalls Mut machen, die Begeisterung für Jesus und seine Kirche mit frohem Herzen trotz aller Widerstände unter die Menschen zu tragen.

Aufrichtigen Dank habe ich all jenen guten Menschen zu sagen, die mir in irgendeiner Weise bei der Entstehung dieses Buches geholfen haben, sei es in Deutschland, Polen, Liechtenstein oder Österreich. Es war dabei nicht leicht, die Lebensstationen von Pater Leppich vollständig zu erfassen, denn das Thema ist unerschöpflich. So kann denn auch die Darstellung in diesem Buch niemals den Anspruch auf Vollständigkeit erheben. Dennoch hoffe ich, dass Sie am Schluss den Eindruck mitnehmen, es mit Gewinn gelesen zu haben.

Friedrichshafen, im Juli 2019

Thomas Alber

1 Kindheit, Schulzeit und Entscheidung für den Jesuitenorden

Alles nahm 1915 in Ratibor seinen Anfang. Die Stadt liegt an der Oder und gehörte damals zur Provinz Schlesien im Königreich Preußen, unweit der Grenzen zu Polen und zur 1918 gebildeten Tschechoslowakei. Von den rund 37.000 Einwohnern waren die allermeisten Katholiken. Heute gehört die Stadt zu Polen und heißt Racibórz.

Abb 1: Ratibor

Und hier in Ratibor wurde Johannes Leppich am 16. April 1915 als viertes von sechs Kindern geboren und im selben Monat in der Liebfrauen-Kirche getauft. Es war die Zeit inmitten der Wirren des Ersten Weltkrieges, der seriösen Schätzungen zufolge rund 20.000.000 Tote und rund 21.000.000 Verwundete gefordert hat.[1] Die Soldaten in den Schützengräben Europas schlachteten sich oft nur wegen ein paar Metern Geländegewinn sinnlos ab.

Der Vater war zunächst Landarbeiter, wurde dann aber Zuchthausaufseher. Das Einkommen eines Zuchthausaufsehers fiel damals mehr als dürftig aus, und so lernte Johannes Leppich die materielle Not schon sehr früh am eigenen Leib kennen:

„Mein Vater war ein kleiner Beamter (Zuchthausaufseher) mit 6 Kindern. Bei einem monatlichen Gehalt von 250 Mark hat er immerhin 3 seiner Kinder auf die höhere Schule geschickt und es lieber in Kauf genommen, demütigende Bittgesuche um Schulgeldermäßigung zu schreiben. Dazu kam, daß meine Mutter jahrelang krank war (die Nervenmühle des Krieges hatte sie soweit gebracht), worunter wir kleineren Kinder schwer gelitten haben."[2]

Abb. 2: Johannes Leppich mit seinem Vater

Beide Elternteile hatten ihren Anteil an der religiösen Erziehung ihrer Kinder:

„Obwohl mein Vater fast nur mit Verbrechern zu tun hatte, ist er in jeder Beziehung sauber geblieben. Sein ganzes Leben lang hat er nur für seine Familie geschuftet. Manchmal hätte er wirklich an Gott und der Gerechtigkeit verzweifeln können. Aber er bewahrte sich seinen tiefen Glauben und gab seinen Kindern das beste Erbe dadurch mit, daß er sie zu Gott hinführte."[3]

Was den Glauben seiner Mutter anbelangt, äußerte er sich Jahrzehnte später gegenüber Elisabeth Müller-Klein aus Bad Staffelstein, die bei ihm arbeitete und mit der er freundschaftlich verbunden war.

Abb. 3:
Elisabeth Müller-Klein

Sie erinnert sich noch gut an das, was er ihr über seine Mutter sagte:

„Wenn dies möglich wäre, würde er seine Mutter heiligsprechen. Sie sei eine ganz edle und fromme Frau gewesen. Sie habe ihm jeden Morgen, wenn er zur Schule gegangen sei, mit Weihwasser das Kreuzeichen auf die Stirn gemacht und ihn gesegnet. Der Segen sei ihm mehr wert gewesen als so mancher Bischofssegen. Ich weiß, daß er später, als er schon in ganz Deutschland bekannt war, den Rosenkranz seiner Mutter immer bei sich trug. So hoch war die Zuneigung zu ihr.“[4]

Abb. 4: Mutter und Vater

Johannes wuchs weitgehend in der Beamtenkaserne an der Zuchthausmauer auf. Ihm blieben denn auch die Erinnerungen an sein Umfeld beim Zuchthaus haften. Der Vater erzählte immer wieder von Gefangenen, die in dieser Zeit nicht selten schon wegen kleiner Vergehen im Gefängnis saßen:

„Oft hat er uns Kindern von den Verurteilten erzählt, unter denen auch viele junge Verbrecher waren. Davon, dass er auch Gefangene zur Hinrichtung bringen mußte, erzählte er uns allerdings nichts. Wir erfuhren es erst später von unserer Mutter. Von ihr weiß ich auch, daß mein Vater sehr darunter gelitten hat."[5]

Abb. 5: Gefängnis in Ratibor

Die Kinder durften mit Flötenspiel und mit Krippenspielen zu den Gefangenen gehen, und Johannes machte hier eine wertvolle Lebenserfahrung für sein späteres Priesterleben:

*„Einige Monate später durften wir Kinder im Hauptgang des Zuchthauses unser Krippenspiel aufführen. Als ich dabei einige Männer weinen sah, habe ich gewußt, daß kein Mensch verloren ist. Daß jeder für die Liebe empfänglich ist. Daß jeder die Frohe Botschaft hören kann."*⁶

Die Flöte, die er als Kind geschenkt bekam, war sein erstes Musikinstrument und sein ganzer Ehrgeiz und seine Liebe gehörten diesem Instrument. Später wird es dann eine Konzertflöte sein, die ihn ein Leben lang begleiten wird.

Die frühen Lebensjahre eines Menschen sind von entscheidender und prägender Bedeutung. Vieles wird hier grundgelegt. Für Johannes Leppich werden seine frühen Lebenserfahrungen mit seiner sozialen Herkunft, seinen Eltern, mit der materiellen Not und mit dem Kontakt zu Randgruppen ein Leben lang handlungsweisend sein, tief „eingemeißelt" in seine Seele. Später wird er auch in Gefängnissen, ja sogar in Bordellvierteln Missionierung betreiben.

Zunächst hatte Johannes Leppich in der Schule sehr gute Noten. Die ersten Klassen war er an der Spitze. Aber sein Leben gehörte damals nicht der Schule, sondern dem Sportplatz.

Abb. 6: Johannes Leppich, ein sportbegeisterter Junge

Konnte er die Anfangsjahre in der Schule noch dank seiner Intelligenz hervorragend meistern, erforderte es jetzt in den oberen Klassen auch noch zusätzlich Fleiß, um im Schülerranking oben zu bleiben. Aber genau daran mangelte es. Um es deutlich auszudrücken: Johannes Leppich war in der Schulzeit „stinkfaul". In seinen Erinnerungen räumte er das auch unumwunden ein:

„Meine einfachen Eltern konnten mir bei meinen Schulaufgaben nicht helfen, und sie konnten meinen Daueraufenthalt auf dem Sportplatz auch nicht zugunsten eines fleißigen Schülerlebens umfunktionieren. Jedenfalls habe ich in den letzten, entscheidenden Jahren vor dem Abitur meine Aufgaben ausschließlich ein paar Minuten vor dem Unterricht „gemacht", d.h. abgeschrieben… Daß ich aber bis zum Erbrechen von meinen Lehrern zu hören bekam: „Leppich, Sie versagen. Ihr Bruder war viel besser", das ärgert mich heute noch… Mein Bruder betrachtete meine Faulheit mit dem Unmut des Erwachsenen, aber beeinflussen konnte er mich nicht. Was Freude am Lernen, was Wissensdurst ist, das habe ich – ein pädagogisches Geheimnis – erst erfahren, als ich meine theologischen Studien mit ganzem Herzen und mit echter Begeisterung aufnahm… Aber meines Religionslehrers will ich doch in Dankbarkeit gedenken. Er war zwar „pädagogisch unmöglich"… Aber irgendwie war er ein Heiliger. Wenn ich alte Klassenkameraden treffe, vergißt nicht einer, nach ihm zu fragen. Und Atheisten unter ihnen besuchen noch sein Grab."[7]

Dass Johannes Leppich während seiner Schulzeit ständig mit seinem vermeintlich erfolgreicheren Bruder verglichen wurde, nagte offensichtlich sehr an seinem Selbstbewusstsein. Dies geschah nicht nur in der Schule, sondern auch durch seinen Vater. Elisabeth Müller-Klein berichtet auch hier über Jugenderinnerungen Leppichs, die er ihr anvertraute:

„Der Vater habe… ständig den Bruder bevorzugt. Er selbst sei von ihm stiefkindlich behandelt worden und der Vater habe ihn… nicht ernst genommen. Diese Zurücksetzung trübte das Verhältnis zu seinem Vater stark.

Das Grab seines Vaters befand sich in Seßlach im Coburger Land, das nicht weit vom meinem Wohnort entfernt liegt. Eines Tages fuhren Pater Leppich, mein Mann und ich zu diesem Grab. Auch der Pfarrer von Seßlach war zugegen. Was sich dann an diesem Grab abspielte, werde ich nie vergessen. Pater Leppich bekam einen Gefühlsausbruch und er machte seinem Vater Vorwürfe, dass er ihn nie ernst genommen habe, er sei immer der Depp der Familie gewesen. Aber Pater Leppich verzieh seinem Vater bei diesem Besuch und segnete das Grab. Mir wurde klar, welch tiefe Verletzungen sein Vater ihm in seiner Jugendzeit zugefügt haben musste.“[8]

Abb. 7: Johannes Leppich mit seinem Bruder

Diese Schilderung lässt vermuten, dass es fast schon traumatische Erfahrungen gewesen sein mussten, die die Seele des jungen Johannes Leppich in diesem Punkt verwundet hatten. Es ist nicht vollkommen auszuschließen, dass diese Art der Zurücksetzungen durch den Vater und in der Schule für sein späteres Leben auch Ansporn zur Erbringung einer einzigartigen Lebensleistung war. Es scheint, als ob er sich und der Welt beweisen wollte, was in ihm steckte. Freilich haftet dieser These der Makel der spekulativen Unsicherheit an, aber andererseits lassen die Anhaltspunkte sie auch nicht ganz unrealistisch erscheinen.

Johannes Leppich berichtet, dass in seinem Elternhaus eine uneingeschränkte Ehrfurcht vor dem Priester geherrscht habe. Wehe dem, der es gewagt habe, sich über den stotternden Kaplan auf der Kanzel lustig zu machen. Dennoch vermisste er bei den Priestern seiner Zeit etwas ganz Wesentliches:

„Fromme, ehrenwerte Priester hatte ich in meiner Jugend… Aber sie haben doch vieles versäumt. Sie haben mich nie für die Sozialprobleme interessiert oder für eine kämpferische Bewegung der christlichen Arbeiterschaft… Sie haben uns für den Priesterberuf begeistert und dabei vergessen, die Welt zu konsekrieren. Sie haben nicht daran gedacht, daß auch gute Ingenieure, gute Regisseure gebraucht werden, um die Welt der Technik, des Theaters u.a. für Christus zu gewinnen…"[49]

Johannes Leppich wurde ein begeisterter Hitlerjunge in der HJ, wofür er sich später schämte.

Und als solcher suchte der 17-jährige Johannes liebend gern die Auseinandersetzung mit seinem Religionslehrer. Der gab ihm eines Tages mit blank liegenden Nerven 5 Mark in die Hand und schickte den jungen Quertreiber zusammen mit anderen Heißspornen schließlich zu ignatianischen Exerzitien. Bei

Abb. 8: Als Hitlerjunge in der HJ

den Jesuiten in Mittelsteine erlebte Johannes Leppich dann drei Tage lang Schülerexerzitien, die einen nachhaltigen Eindruck auf ihn machten. Leppichs Reaktion:

„Zunächst hatte ich keinerlei „fromme Absichten". Das Essen war gediegen und gut, zusätzlich verlockend für uns gab es einen einfachen Tennisplatz, und außerdem wollte man ja die „Mönche" auch irgendwie fertig machen. Aber es kam anders: wer fertiggemacht wurde, das waren wir… Von den Vorträgen waren wir bald begeistert… Ich erlebte dort keineswegs eine Saulusstunde und habe auch keine Seelenmassage erhalten. Ich habe einfach ein ideales Haus kennengelernt, wo noch heilige Welteroberungspläne geschmiedet wurden."[10]

Und dieser Aufenthalt brachte für Johannes Leppich Konsequenzen mit sich:

„Ich bin aus der Hitlerjugend direkt umgestiegen in den Jesuitenorden."[11]

Im März 1935 konnte Johannes Leppich, nachdem er sogar ein Jahr wiederholen musste, das Abitur machen, das allerdings recht mittelmäßig ausfiel und allen Eltern Hoffnung machen darf, die Sorgen um schlechte Schulnoten ihrer Söhne und Töchter plagen:

Städt. Realgymnasium und Reformrealgymnasium i.E. Ratibor

Zeugnis der Reife[12]

Leppich Hans, Paul

Geb. am 16. April 1915 in Ratibor, katholisch, war 10 Jahre auf dem Realgymnasium und 2 Jahre in der Prima.
Seine Leistungen waren in:

1)	Religion	gut
2)	Deutsch	genügend
3)	Latein	genügend
4)	Französisch	genügend
5)	Englisch	genügend
6)	Geschichte	gut
7)	Erdkunde	genügend
8)	Mathematik	nicht genügend
9)	Physik	genügend
10)	Chemie	genügend
11)	Biologie	genügend
12)	Zeichnen u. Kunstunterricht	nicht genügend
13)	Musik	sehr gut
14)	Leibesübungen	gut

Er hat die Reifeprüfung bestanden.
Der unterzeichnete Prüfungsausschuß hat ihm demnach das Zeugnis der Reife zuerkannt. Leppich will mittlerer Beamter werden.
Ratibor, den 09. März 1935.
Staatlicher Prüfungsausschuß

....

Sein Entschluss stand trotz des Eintrages im Abiturzeugnis, mittlerer Beamter werden zu wollen, fest: Eintritt in den Jesuitenorden!

Der Wunsch seines Vaters sollte damit in Erfüllung gehen. Er hatte sich immer gewünscht, dass einer seiner Söhne Offizier und der andere Priester werde. Der Bruder von Johannes Leppich wurde Major und fiel im Zweiten Weltkrieg.

2 Im Jesuitenorden

Vor seinem Eintritt in den Jesuitenorden hatten sich aber in Deutschland die politischen Verhältnisse vollkommen verändert.

Abb. 9: Die Nazis haben Einzug erhalten

Mit der Ernennung Adolf Hitlers zum Reichskanzler am 30. Januar 1933 ergriffen die Nationalsozialisten die Macht in Deutschland. Johannes Leppich war zu diesem Zeitpunkt fast 18 Jahre alt, und die Folgen dieser politischen Entwicklung in Deutschland sollten auch in seinem Leben noch tiefe Spuren hinterlassen.

So kam er im Frühjahr 1935 wieder nach Mittelsteine, um sein Noviziat zu beginnen. Dort hatten die Jesuiten nach 1925 den Piae-Causae-Hof bzw. Lüttwitzhof wieder erworben, der früher schon einmal eine Klosterbildungsstätte war. Sie errichteten dort ein Novizen- und Exerzitienhaus.

Abb. 10: Noviziat der Jesuiten in Mittelsteine

Die Ausbildung erwies sich für Johannes Leppich als streng und durchaus gewöhnungsbedürftig:

„Die Rekrutenkaserne war hart für mich, den Arbeitsdienst mit seinem Schliff hielt ich für penetrant und spartanisch. Ein Tag im Leben eines jungen Jesuiten war aber noch viel härter, dabei jedoch glücklicher und schöner, denn man kam ja freiwillig."[1]

Abb. 11: Johannes Leppich als Novize

Morgens um 05.00 Uhr war Aufstehen angesagt. Der Tag war reichlich mit Programm ausgefüllt, und um 20.45 Uhr herrschte Nachtruhe. Johannes Leppich gewöhnte sich dennoch gut ein und spürte, dass er die richtige Entscheidung getroffen hatte.

1936 musste Johannes Leppich aber seine Zeit im Orden unterbrechen, denn die nationalsozialistische Reichsregierung hatte am 26.06.1935 das Reichsarbeitsdienstgesetz erlassen.[2] Dieses Gesetz verpflichtete alle jungen Männer und Frauen im Deutschen Reich zwischen der Vollendung des 18. und 25. Lebensjahres, ein halbes Jahr lang gemeinnützige Arbeit zu leisten. Ziel war es nach dem Wortlaut des Gesetzes, die deutsche Jugend im Geiste des Nationalsozialismus zur Volksgemeinschaft und zur wahren Arbeitsauffassung, vor allem zur gebührenden Achtung der Handarbeit zu erziehen. Das Gesetz zielte in Wahrheit aber auch darauf ab, die Arbeitslosigkeit zu senken und nicht zuletzt die Jugend auf den Krieg vorzubereiten.

Johannes Leppich musste seinen Reichsarbeitsdienst im Oktober 1936 antreten und zwar in Wobesde in Pommern.

Abb. 12: Lager des Reichsarbeitsdienstes in Wobesde/Pommern

Dort war er zusammen mit seinen Kameraden eingesetzt, in den pommerschen Wäldern Bäume anzuzapfen, um u.a. Terpentin zu gewinnen. Im März 1937 konnte er nach Mittelsteine zurückkehren.

Über sein Noviziat im Jesuitenorden zog er für sich eine sehr positive Bilanz:

„… Uns haben diese beiden ersten Jahre im Noviziat mit einem solchen Programm imponiert. Vielleicht halten manche junge Jesuiten von heute das für ein asketisches Gruselkabinett, nachdem auch über unsere neue Theologengeneration eine Wohlstandslawine und eine Anti-Autoritätspsychose hinweggegangen ist. Jedoch bleibt es eine Tatsache, daß mit meiner Jesuitengeneration sicher echtes Holz geschnitzt wurde, und daß der Orden bis dahin als schlagkräftige Truppe galt,

Abb. 13: Bergmanskolleg in Pullach

wenn auch vielleicht mit manchen Akzentverschiebungen. Das war unsere „heilige Rekrutenzeit" im Noviziat."[3]

Nach Beendigung seines Noviziats studierte Johannes Leppich ab Mai 1937 am Bergmanskolleg in Pullach an der 1925 gegründeten Ordenshochschule der Oberdeutschen Provinz des Jesuitenordens (Abb. 13).

Kein Geringerer als der spätere Augustin Kardinal Bea legte den Grundstein zum Bau dieses großen und beeindruckenden Gebäudekomplexes.

Zunächst absolvierte Johannes Leppich die sog. Humaniora, eine vorgeschaltete Studienzeit, bevor es dann ans eigentliche Studium der Philosophie ging. Aber auch diese Zeit sollte eine Unterbrechung erfahren.

3 Militärzeit

Um die Hintergründe zu verstehen, in die die nächsten Lebensjahre von Johannes Leppich eingebunden sein sollten, kommt man nicht umhin, sich vorab etwas mit der Geschichte Deutschlands und des Zweiten Weltkrieges auseinanderzusetzen, freilich nur in dem Umfang, wie es für ein Verständnis der nächsten Kapitel dieses Buches unerlässlich ist.

Adolf Hitler bekundete gegenüber der Welt in den Anfängen seiner Regierungszeit stets seinen Willen zum Frieden. Seine wahren Absichten waren hingegen ganz andere. Wer sein Buch „Mein Kampf" liest, erkennt rasch, dass es sich bei den Friedensbekundungen um taktische Lippenbekenntnisse handelt. Hitler plante von Anfang an eine Erweiterung des Lebensraumes für das deutsche Volk. Dieser Gedanke war von grundlegender Bedeutung für seine Politik. Hitler hatte auch klare Vorstellungen darüber, wo dieser neue Lebensraum zu suchen war:

„Damit ziehen wir Nationalsozialisten bewußt einen Strich unter die außenpolitische Richtung unserer Vorkriegszeit. Wir setzen dort an, wo man vor sechs Jahrhunderten endete. Wir stoppen den ewigen Germanenzug nach dem Süden und Westen Europas und weisen den Blick nach dem Land im Osten. Wir schließen endlich ab die Kolonial- und Handelspolitik der Vorkriegzeit und gehen über zur Bodenpolitik der Zukunft. Wenn wir aber heute in Europa von neuem Grund und Boden reden, können wir in erster Linie nur an Rußland und die ihm untertanen Randstaaten denken."

Letztendlich war klar, dass dieser neue Lebensraum dem deutschen Volke nicht geschenkt zufallen konnte, sondern nur durch die Anwendung von Kriegsgewalt. Schon vier Tage nach der Ernennung zum Reichskanzler sprach Hitler deutliche Worte zu den Befehlshabern des Heeres und der Marine:

„Wie soll pol. Macht, wenn sie gewonnen ist, gebraucht werden? Jetzt noch nicht zu sagen. Vielleicht Erkämpfung neuer Export-Mögl., vielleicht – und wohl besser – Eroberung neuen Lebensraumes im Osten u. dessen rücksichtslose Germanisierung. Sicher, daß erst mit pol. Macht u. Kampf jetzige wirtsch. Zustände geändert werden können."[1]

Bereits 1933 trat Deutschland aus dem Völkerbund aus, der in seiner Satzung u.a. auch die Abrüstung zum Ziel hatte. Zwei Jahre später wurde wieder die allgemeine Wehrpflicht eingeführt.

Am 26.01.1934 kam es zum Abschluss des deutsch-polnischen Nichtangriffspaktes, der eigentlich eine Gültigkeit von 10 Jahren besaß. Aber Hitler schloss und brach Verträge, wann immer es ihm vorteilhaft erschien.

Am 05. November 1937 sprach Hitler unter strengster Geheimhaltung vor dem Außen- und Kriegsminister sowie den Oberbefehlshabern der Marine, des Heeres und der Luftwaffe. Das Gespräch wurde von Hitlers Adjutanten, Oberst Roßbach, protokolliert. Sein Protokoll diente dann später in den Nürnberger Prozessen als Beweismittel für die Planung eines Angriffskrieges:

„Der Führer führte sodann aus: Das Ziel der deutschen Politik sei die Sicherung und die Erhaltung der Volksmasse und deren Vermehrung. Somit handele es sich um das Problem des

Raumes. Die deutsche Volksmasse verfüge über 85 Millionen Menschen, die nach der Anzahl der Menschen und der Geschlossenheit des Siedlungsraumes in Europa einen in sich so fest geschlossenen Rassekern darstelle, wie er in keinem anderen Land wieder anzutreffen sei und wie er andererseits das Anrecht auf größeren Lebensraum mehr als bei anderen Völkern in sich schlösse... Die Entwicklung großer Weltgebilde gehe nun einmal langsam vor sich, das deutsche Volk mit seinem starken Rassekern finde hierfür die günstigsten Voraussetzungen inmitten des europäischen Kontinents. Daß jede Raumerweiterung nur durch Brechen von Widerstand und unter Risiko vor sich gehen könne, habe die Geschichte aller Zeiten – Römisches Weltreich, Englisches Empire – bewiesen. Auch Rückschläge seien unvermeidbar. Weder früher noch heute habe es herrenlosen Raum gegeben, der Angreifer stoße stets auf den Besitzer... Zur Lösung der deutschen Frage könne es nur den Weg der Gewalt geben, dieser niemals risikolos sein..."[2]

1938 wurden Österreich und im März 1939 die Tschechoslowakei besetzt. Den deutsch-polnischen Nichtangriffspakt von 1934 kündigte Hitler am 28.04.1939 und am 23.05.1939 sprach er in Bezug auf Polen gegenüber Wehrmachtsoffizieren erneut über seine wahren Absichten:

„Der Pole ist kein zusätzlicher Feind. Polen wird immer auf der Seite unserer Gegner stehen... Es handelt sich für uns um Arrondierung des Lebensraumes im Osten und Sicherstellung der Ernährung. Aufrollen des Ostsee- und Baltikumproblems. Lebensmittelversorgung nur von dort möglich, wo geringe Besiedelung. Neben der Fruchtbarkeit wird die deutsche, gründliche Bewirtschaftung die Überschüsse um ein Mehrfaches steigern. In Europa ist keine andere Möglichkeit zu sehen..."[3]

Am 22.08.1939 kamen die ranghöchsten Vertreter der Wehrmacht zu Hitler auf den Obersalzberg, wo er ihnen eröffnete, was er mit Polen und seiner Bevölkerung beabsichtigte:

„Vernichtung Polens im Vordergrund. Ziel ist Beseitigung der lebendigen Kräfte, nicht die Erreichung einer bestimmten Linie. Auch wenn im Westen Krieg ausbricht, bleibt Vernichtung Polens im Vordergrund. Mit Rücksicht auf Jahreszeit schnelle Entscheidung. Ich werde propagandistischen Anlaß zur Auslösung des Krieges geben, gleichgültig, ob glaubhaft. Der Sieger wird später nicht danach gefragt, ob er die Wahrheit gesagt hat oder nicht. Bei Beginn und Führung des Krieges kommt es nicht auf das Recht an, sondern auf den Sieg.

Herz verschließen gegen Mitleid. Brutales Vorgehen. 80 Mill. Menschen müssen ihr Recht bekommen. Ihre Existenz muß gesichert werden. Der Stärkere hat das Recht. Größte Härte. Schnelligkeit der Entscheidung notwendig. Festen Glauben an den deutschen Soldaten. Krisen sind nur auf Versagen der Nerven der Führer zurückzuführen.

Erste Forderung: Vordringen bis zur Weichsel und bis zum Narew. Unsere technische Überlegenheit wird die Nerven der Polen zerbrechen. Jede sich neu bildende lebendige polnische Kraft ist sofort wieder zu vernichten. Fortgesetzte Zermürbung. Neue deutsche Grenzführung nach gesunden Gesichtspunkten evtl. Protektorat als Vorgelände. Mil. Operationen nehmen auf diese Überlegungen keine Rücksicht. Restlose Zertrümmerung Polens ist das militärische Ziel. Schnelligkeit ist die Hauptsache. Verfolgung bis zur völligen Vernichtung.“[4]

Abb. 14: Obersalzberg - Berghof von Adolf Hitler, Große Halle

Schließlich kam es am 23.08.1939 mit der Sowjetunion zu einem Nichtangriffspakt, der es Hitler ermöglichte, Polen ohne die Gefahr einer sowjetischen Intervention anzugreifen. Der Vertrag mit der Sowjetunion enthielt auch ein geheimes Zusatzprotokoll, das die Aufteilung Polens zwischen dem Deutschen Reich und der Sowjetunion regelte.

01. September 1939: Hitler überfiel Polen in einem Blitzkrieg und eröffnete damit den Zweiten Weltkrieg, in den immer mehr Staaten verwickelt werden sollten.

Am 17.09.1939 fielen die Sowjets von Osten her in Polen ein, wie es mit dem nationalsozialistischen Deutschland vereinbart war. Am 06.10.1939 kapitulierten die letzten polnischen Truppen. Für das polnische Volk begann nun eine unvorstellbar harte und sehr lange Leidenszeit. Kaum ein anderes Volk hat unter den Nazis so gelitten wie das polnische.

Ein Teil des westlichen Polens wurde dem Deutschen Reich zugeschlagen und der östliche Teil der Sowjetunion. Das Gebiet, das zwischen diesen beiden annektierten Teilen lag (Restpolen), wurde deutsches Generalgouvernement. Polen hatte aufgehört zu existieren. Generalgouverneur wurde Hans Frank, ein fanatischer Nazi und Verfechter der Rassenideologie, der später in den Nürnberger Prozessen zum Tode verurteilt wurde.

Von Anfang an ging die deutsche Wehrmacht äußerst brutal gegen die Polen vor. Die Nazis betrachteten sie als Untermenschen. Eine der ersten Aktionen war die Ermordung der polnischen Eliten. Die polnische Oberschicht sollte in der sog. Intelligenzaktion vernichtet werden. Damit wurde bereits in den ersten Kriegstagen begonnen. Dieser Aktion fielen bis Ende 1939 rund 60.000 Polen zum Opfer, darunter Lehrer, Ärzte, Juristen, Professoren, katholische Priester und Bischöfe u.a. Viele Polen wurden auch zur Zwangsarbeit in das Gebiet des Deutschen Reiches deportiert. Hunger war für die verbliebenen Polen planmäßig an der Tagesordnung.

Wie sehr die Deutschen die Polen als minderwertige Rasse betrachteten, geht aus einer Äußerung von Heinrich Himmler vom 15. Mai 1940 hervor, die letztendlich auf die Versklavung der polnischen Bevölkerung abzielte:

„Für die nichtdeutsche Bevölkerung des Ostens darf es keine höhere Schule geben als die vierklassige Volksschule. Das Ziel dieser Volksschule hat lediglich zu sein: Einfaches Rechnen bis höchstens 500, Schreiben des Namens, eine Lehre, daß es ein göttliches Gebot ist, den Deutschen gehorsam zu sein und ehrlich, fleißig und brav zu sein. Lesen halte ich nicht für erforderlich. Außer dieser Schule darf es im Osten überhaupt keine

Schulen geben… Die Bevölkerung des Generalgouvernements setzt sich dann zwangsläufig nach einer konsequenten Durchführung dieser Maßnahmen im Laufe der nächsten 10 Jahre aus einer verbleibenden minderwertigen Bevölkerung, die noch durch abgeschobene Bevölkerung der Ostprovinzen sowie all' der Teile des deutschen Reiches, die dieselbe rassische und menschliche Art haben, zusammen. Diese Bevölkerung wird als führerloses Arbeitsvolk zur Verfügung stehen und Deutschland jährlich Wanderarbeiter und Arbeiter für besondere Arbeitsvorkommen (Straßen, Steinbrüche, Bauten), stellen; sie wird selbst dabei mehr zu essen und zu leben haben als unter der polnischen Herrschaft und bei eigener Kulturlosigkeit unter der strengen, konsequenten und gerechten Leitung des deutschen Volkes berufen sein, an dessen ewigen Kulturtaten und Bauwerken mitzuarbeiten und diese, was die Menge der groben Arbeit anlangt, vielleicht erst ermöglichen."[5]

Von Anfang an stand die Vernichtung der Juden in Polen ganz oben auf der Terrorliste der Nazis. Juden wurden im Generalgouvernement zunächst in Ghettos gepfercht, wo sie unter unvorstellbaren Bedingungen leben mussten. Überall entstanden im Generalgouvernement Konzentrationslager. In den Lagern Majdanek, Belzec, Sobibor und Treblinka wurden von Juli 1942 bis Oktober 1943 rund zwei Millionen jüdische Polen systematisch umgebracht.

Am Ende des Krieges hatten über sechs Millionen Polen ihr Leben verloren, vier Millionen wurden zur Zwangsarbeit für das Deutsche Reich herangezogen. Vor diesem Hintergrund ist es nicht verwunderlich, dass sich in großen Teilen des polnischen Volkes ein abgrundtiefer Hass gegen Deutschland entwickelte.

Johannes Leppich erreichte im Oktober 1939 der Einberufungsbescheid zur Wehrmacht. Er kam zunächst in die Türkenkaserne nach München.

Abb. 15: Türkenkaserne in München

Beim Militär meldete er sich in seiner jugendlichen Naivität sogar zur Offiziersausbildung, was er später als einen gravierenden Fehler ansah:

„Ich bedauere, daß wir damals geistig noch nicht kritisch genug waren und uns sogar mit Sportabzeichen und Abitur als Fahnenjunker zur Offiziersausbildung meldeten."

Abb. 16: Johannes Leppich als Rekrut

Auf geheimen Befehl Hitlers wurden dann aber 1941 alle Jesuiten aus der Wehrmacht entlassen:

Abschrift
Geheim

Oberkommando der Wehrmacht   31. Mai 1941

z. 12 1 10.20 J (Ia)
   Nr. 924/41 geh

Betr.: Entlassung von Jesuiten
aus der Wehrmacht

OKH
OKM
RdL. u. ObdL.

Auf Anordnung des Führers sind beschleunigt
sämtliche in der Wehrmacht befindliche
Ordensangehörige der Gesellschaft Jesu (Jesuiten) zu
entlassen und zur Landwehr II mit dem Zusatz
"n.z.v." zu versetzen.

   Der Chef des Oberkommandos der Wehrmacht

                           gez. Keitel
Für die Richtigkeit
- Namenszug -
Oberstleutnant

Geheimbefehl Hitlers vom 31.05.1941

Die Jesuiten waren Hitler zu wenig linientreu und wurden von ihm schon fast als „Staatsfeinde" angesehen. „Schmeißt sie raus, wir brauchen sie nicht!", soll Hitler gesagt haben.[7]

4 Weitere Studien im Orden und Priesterweihe

Vor allem durch die Verkürzung seiner Militärzeit konnte Johannes Leppich sein Philosophiestudium in Pullach nun früher als geplant beenden.

Es folgten einige Monate Jugendarbeit in Breslau, dann begann er dort mit dem Theologiestudium, das er schließlich in Wien fortsetzte. Hier weihte ihn Theodor Kardinal Innitzer am 29. November 1942 in der Privatkapelle des Erzbischöflichen Palais zum Priester der römisch-katholischen Kirche. Seine Freude über sein erreichtes Ziel war groß.

Abb. 17: Erzbischöfliches Palais, Wien

Abb. 18: Der Primiziant

Nach seiner Priesterweihe kam Johannes Leppich zu weiteren theologischen Studien nach Frankfurt und zwar an die Jesuitenhochschule St. Georgen in Frankfurt, an der auch der spätere Papst Franziskus, Jorge Mario Bergoglio, in den 1980er Jahren einige Monate verbracht hat.

5 Kaplan in Gleiwitz, Einmarsch der Roten Armee

1944 versetzte der Jesuitenorden Pater Leppich als Kaplan nach Gleiwitz in Oberschlesien an die dortige St.-Bartholomäus-Gemeinde. Es war die größte Kirche Schlesiens, zu ihr gehörten rund 25.000 Gemeindemitglieder. Pfarrer Harald Weinert und seine Kapläne waren für die Seelsorge in der Pfarrei verantwortlich.

Abb. 19: Kath. Kirche St. Bartholomäus in Gleiwitz

Normalerweise waren Jesuiten nicht in der Pfarreiseelsorge tätig, aber durch die Schikanen der Nazis gegen den Orden wurden sie nunmehr vermehrt für Aufgaben in den Kirchengemeinden eingesetzt.

Pater Leppich hatte es mit dieser Pfarrei nicht schlecht getroffen. Sie war sehr aktiv, und die Gottesdienste waren immer gut besucht. Damals war Kaplan Max Czerwensky an der St.-Bartholomäus-Kirche tätig. Über seine Erlebnisse in Schlesien hat er ein Buch geschrieben, in dem er über die engagierte Tätigkeit von Pater Leppich berichtet:

„Pater Leppich mußte sich also allen Diensten eines Kaplans in Kirche, Pfarrheim, Pfarrbüro, im Religionsunterricht und der Gruppenarbeit stellen. Dazu kamen die Haus- und regelmäßigen Krankenbesuche. Er ist von Anfang an voll und ganz in die Arbeit eingestiegen. Wenn er auch in allen Bereichen der Seelsorge seinen Mann stehen mußte, so widmete er sich besonders den Jugendlichen. Gerade dafür entwickelte er ein besonderes Gespür. Er gründete viele neue Jugendgruppen. Ich glaube, es waren etwa zwanzig neue Gruppen. Zu jeder Gruppe gehörten zehn Jugendliche und ein Gruppenführer. Die Gruppenführer wurden regelmäßig geschult und zur Selbständigkeit erzogen. Es genügte Pater Leppich aber nicht, ihnen nur die Fähigkeiten zur Gruppenführung und zur Gestaltung von Gruppenstunden zu vermitteln, er wollte ihnen auch eine gewisse Spiritualität zukommen lassen. Dies geschah durch Belehrung, Gebet und Schriftlesung. Die Gruppen kamen in der Regel in einer Familie zusammen. Pater Leppich und ich besuchten diese Gruppen regelmäßig, bisweilen drei an einem Abend. Überall blieben wir nur zwanzig Minuten, hielten eine kleine Ansprache zur Aufmunterung, dann ging es weiter."[1]

Abb. 20: Kaplan in Gleiwitz

Inzwischen hatte sich auf der Weltbühne viel ereignet. Am 22. Juni 1941 überfiel Hitler trotz des Nichtangriffspaktes die Sowjetunion. Der als Blitz- und Vernichtungskrieg angelegte Überfall kam zunächst erfolgreich voran, geriet dann aber ins Stocken. Hitler hatte die Schlagkraft und die Widerstandskraft der sowjetischen Armee vollkommen unterschätzt. Die Niederlage vor Moskau im Winter 1941/42 und vor allem dann aber die Niederlage der 6. Armee im Kessel von Stalingrad im Winter 1942/43 brachten endgültig die Kriegswende zugunsten der Alliierten.

Der Feldzug gegen die Sowjetunion wurde bereits vom ersten Tag an mit äußerster Brutalität geführt, auch gegen die Zivilbevölkerung. Das sowjetische Volk sollte wie das polnische letztendlich versklavt werden. Deutsche Offiziere hielten ihre Soldaten an, das Völkerrecht zu missachten, es wurde geplündert, gemordet, vergast, gehenkt, erschossen und Millionen wurden vorsätzlich dem Hunger- und Kältetod überlassen. Am Ende des Krieges waren es 27 Millionen Menschen aus der Sowjetunion, die ihr Leben lassen mussten. Auch das russische Volk konnte gegen die Deutschen nur noch Hass empfinden.

Währenddessen gelangte Deutschland gegen die Alliierten immer mehr in die Defensive. Der Krieg richtete sich nun zunehmend auch gegen die Zivilbevölkerung. Waren die Städte im Westen Deutschlands bereits schon seit längerer Zeit Ziele für die Bomber der Alliierten, galt der Osten bis dahin als „Reichsluftschutzkeller". Nun wurde Deutschland aber von allen Seiten angegriffen und eingekreist.

Als die Rote Armee im Oktober 1944 erstmals die Grenzen Ostpreußens überschritt, konnte die Sowjetarmee zwar noch einmal zurückgedrängt werden, aber schon bald kam es zum Einmarsch und zu ersten Übergriffen auf die deutsche Bevölkerung.

Deshalb brachen ostpreußische Flüchtlinge Richtung Westen auf. Ihre Schilderungen von Kriegsverbrechen der russischen Armee hatten ab Oktober 1944 gewaltige Flüchtlingstrecks der ostdeutschen Bevölkerung zur Folge, die sich in den Westen des Deutschen Reiches durchschlagen wollten.

Im Oktober 1944 setzten die Wintermonate überraschend früh ein, die in diesem Jahr besonders hart werden sollten. Mehrere Millionen Ostpreußen, Schlesier und Pommern flohen bei eisiger Kälte Richtung Westen ohne Lebensmittel, kaum mit Trinkwasser und ohne medizinische Betreuung. Unzählige Menschen kamen auf der Flucht vor Kälte, Hunger und Krankheit um.

Die widrigen Umstände erlaubten den verzweifelten Flüchtlingen nur ein Vorwärtskommen von wenigen Kilometern am Tag. Die Rote Armee stieß hingegen 50 bis 70 Kilometer am Tag Richtung Westen vor. Viele Trecks mit Zivilisten wurden überrollt. Die Rote Armee machte keinen Unterschied mehr zwischen Soldaten und Zivilisten. Wahllos wurde auch auf die Menschen in den Trecks geschossen.

Wen die Rote Armee einholte, musste mit Vergewaltigung, Misshandlung oder gar dem Tod rechnen. Schätzungen zufolge gab es allein rund 1,4 Millionen Vergewaltigungen von Frauen. Hunderttausende Deutsche aus den Ostgebieten wurden als sog. lebende Reparationszahlungen nach Russland deportiert.

Parallel zu den großen Fluchtwellen begann im Winter 1944 die systematische Vertreibung der Deutschen aus ihrer Heimat. Die Menschen in Ostpreußen, Pommern und Schlesien mussten nun einen Großteil des Hasses von Russen und Polen büßen, der sich durch die Gräueltaten der Nazis gebildet hatte. Im Januar 1945 brach die Ostfront ganz zusammen.

Abb. 21:
Flüchtlingsfamilie
aus Oberschlesien
im Januar 1945

Johannes Leppich erlebte den Einmarsch der Roten Armee in der Nacht vom 22. auf den 23. Januar 1945 in Gleiwitz. Dazu schrieb der damalige Kaplan Max Czerwensky:

„Wir beschlossen, in den Luftschutzkeller des Pfarrhauses zu gehen. Die wichtigsten Dinge nahmen wir mit. Dort saßen wir dann zusammen und beteten den Rosenkranz. Durch das Gebet wurden wir alle ruhiger. Pfarrer Weinert, seine Mutter, Pater Leppich, die beiden Hausmädchen und ich. Mir wurde später erzählt, daß in fast allen Häusern die Menschen zusammensaßen und den Rosenkranz beteten, auch solche, die das Beten schon lange nicht mehr praktiziert hatten… Der Himmel war erhellt vom Feuer, und dichte Rauchschwaden zogen dahin. Es sah gespenstisch aus. Pater Leppich und ich gingen dann in den Mittelgang des Kellers zurück, beichteten noch einmal untereinander und suchten schließlich den Luftschutzkeller wieder auf… Gegen Mitternacht nickten wir etwas ein. Pater Leppich war in einen Nebenkeller gegangen, der auch als Luftschutzkeller eingerichtet war und in dem vier Betten standen. Er hatte sich dort hingelegt. Gegen drei Uhr morgens hörten wir Schritte, die die Treppe zum Keller herunterkamen. Wir schauten alle gespannt zur Tür. Sie wurde aufgestoßen, und vor uns standen drei leibhaftige Russen mit ihren großen Fellmützen… Sie wollten nun alle Kellerräume und das Haus durchsuchen. Ich führte sie zunächst in den Nebenkeller, in den sich Pater Leppich zurückgezogen hatte und eingeschlafen war. Er schreckte auf, als er von einem Russen geweckt wurde. Ich erklärte, daß er auch ein Priester sei."[2]

Nachdem die Russen keinen deutschen Soldaten im Pfarrhaus fanden, verließen sie wieder das Haus. In Gleiwitz kam es zu vielen Plünderungen, Erschießungen, Vergewaltigungen und anderen Kriegsverbrechen. Pater Leppich war Tag und Nacht im Einsatz:

„Pater Leppich besuchte vor allem seine Jugendlichen. Er empfahl damals den Mädchen, sich mit Jod oder Lysol einzureiben oder auch einen Verband anzulegen. Er hatte nämlich erfahren, daß die russischen Soldaten große Angst vor Infektionen hatten. Dieser Trick konnte eine große Hilfe sein. Manche Familien haben daraufhin sogar die Türpfosten mit Lysol bestrichen und Etikette von Giftflaschen an der Tür angebracht, um sich dadurch zu schützen. Wie ich erfuhr, hatte dies auch Erfolg."[3]

Für Pater Leppich war im Juni 1945 die Zeit des Abschieds von Gleiwitz gekommen. Er glaubte, in Breslau seelsorgerisch noch mehr gebraucht zu werden. Der Abschied war bewegend und sehr herzlich, wie Max Czerwensky beschreibt:

„Wir im Pfarrhaus, die Pfarrgemeinde und besonders die Jugend verloren Pater Leppich sehr ungern. Der Tag des Abschieds war gekommen. Nur einige ganz Vertraute geleiteten ihn zum Bahnhof. Drei Jugendliche trugen sein Gepäck. In der Bahnhofshalle angekommen, löste ich die Fahrkarte. Niemand sollte merken, vor allem nicht die allgegenwärtige Miliz, die in der Bahnhofshalle und auf dem Bahnsteig auf und ab ging, daß ein Deutscher ohne Kontrolle mit einem Zug wegfahren wollte. Wir mußten auf dem Bahnsteig noch einige Minuten bis zur Ankunft des Zuges warten. Wenn ein Milizmann vorbeikam, schwiegen wir oder sprachen betont polnisch und scherzten miteinander. Aber dann lief der Zug ein. In einem Abteil wurde ein Platz belegt, das Gepäck verstaut, dann noch einmal ein kräftiges Händeschütteln, und der Zug

setzte sich in Bewegung. Traurig winkten wir unserem scheidenden Pater nach, denn ein guter Freund war von uns gegangen, der mit uns Freud und Leid in schwerster Zeit getragen hatte."[4]

6 Potsdamer Konferenz

Nach den vorausgegangenen Konferenzen von Teheran im Jahr 1943 und Jalta Anfang 1945 trafen sich vom 17. Juli bis zum 02. August 1945 die Siegermächte Großbritannien, USA und UdSSR im Schloss Cecilienhof bei Potsdam, um über das Schicksal Deutschlands zu beraten und zu beschließen.

Abb. 22: Potsdamer Konferenz, 17.07.- 02.08.1945. Von links: Clement Atlee, Harry S. Truman, Joseph Stalin. Hintere Reihe: William D. Leah, Ernest Bevin, James F. Byrnes, V. Molotov. Foto: U.S. Navy Photograph, jetzt in der Sammlung des National Archives. (2016/02/23); gemeinfrei

Was die Westgrenze Polens anbelangte, wurde in Ziff. IX des Potsdamer Abkommens vom 02. August 1945 festgehalten:

„Die Häupter der drei Regierungen bekräftigen ihre Auffassung, daß die endgültige Festlegung der Westgrenze Polens bis zu der Friedenskonferenz zurückgestellt werden soll.

Die Häupter der drei Regierungen stimmen darin überein, daß bis zur endgültigen Festlegung der Westgrenze Polens, die früher deutschen Gebiete östlich der Linie, die von der Ostsee unmittelbar westlich von Swinemünde und von dort die Oder entlang bis zur Einmündung der westlichen Neiße und die westliche Neiße entlang bis zur tschechoslowakischen Grenze verläuft, einschließlich des Teiles Ostpreußens, der nicht unter die Verwaltung der Union der Sozialistischen Sowjetrepubliken in Übereinstimmung mit den auf dieser Konferenz erzielten Vereinbarungen gestellt wird und einschließlich des Gebietes der früheren Freien Stadt Danzig, unter die Verwaltung des polnischen Staates kommen und in dieser Hinsicht nicht als Teil der sowjetischen Besatzungszone in Deutschland betrachtet werden sollen.“[28]

Und in Ziff. XIII. des Abkommens vereinbarten die Siegermächte:

„Die drei Regierungen haben die Frage unter allen Gesichtspunkten beraten und erkennen an, daß die Überführung der deutschen Bevölkerung oder Bestandteile derselben, die in Polen, Tschechoslowakei und Ungarn zurückgeblieben sind, nach Deutschland durchgeführt werden muß. Sie stimmen darin überein, daß jede derartige Überführung, die stattfinden wird, in ordnungsgemäßer und humaner Weise erfolgen soll.“[29]

Die deutsche Bevölkerung wurde nun systematisch aus Schlesien vertrieben und zwar keineswegs auf die humane Weise, die im Potsdamer Abkommen festgeschrieben war.

7 Im zerstörten Breslau, Seelsorger in Kohlfurt, Vertreibung

Im Sommer 1945 kam Pater Leppich nach Breslau in die Pfarrei St. Michael. Rund 300.000 Deutsche lebten in der zerstörten Stadt, die viel Leid erlebt hatten und denen noch viel Leid bevorstehen sollte. Um die Stadt wurde kurz vor Kriegsende von deutscher und sowjetischer Seite erbarmungslos gekämpft. Ein erbitterter Häuserkampf kostete zahllose Menschenleben. Für die deutsche Bevölkerung, die noch in Breslau lebte, begann eine unvorstellbare Leidenszeit. Es fehlte am Notwendigsten und viele Zivilisten wurden von der Roten Armee als lebende Reparationszahlungen in die Sowjetunion zwangsdeportiert, unter ihnen viele Frauen, Mädchen und Kinder.

Ein russischer Kommandant verschaffte Leppich Zugang zu einem großen Lager, in denen Frauen und Mädchen auf ihre Deportation nach Sibirien warteten. In Tag- und Nachtschicht mussten sie Eisenblöcke schleppen. Er sprach ihnen Trost zu und kümmerte sich aufopfernd um sie.

Pater Leppich widmete sich in Breslau mit ganzer Kraft vor allem der Jugend.

Abb. 23: Im zerstörten Breslau

53

Abb. 24: Mit Ministranten in Breslau

Margot Mai aus Friedrichshafen war damals als Jugendliche in der Stadt und erinnert sich auch an Pater Leppich:

„Ich bin 1928 in Breslau geboren und dort auch aufgewachsen. Ich kann mich noch gut an das Kriegsende und die Zeit danach erinnern. In den Trümmern der ausgebombten Stadt hat Pater Leppich 1946 die ganze katholische Jugend betreut, die sich noch in Breslau befand. Die Kirche war provisorisch in einem Kinosaal untergebracht, und Pater Leppich hielt die Gottesdienste. Ich empfand ihn damals schon als 17jährige als einen wundervollen Men-

Abb. 25: Margot Mai

*schen. Er hat sich uns Jugendlichen mit all seiner Kraft ge-
widmet. Uns stand die Vertreibung bevor. Besonders erinnern
kann ich mich noch daran, dass er an einem Abend zu uns
sagte: „Glaubt nur nicht, dass die im Westen auf Euch warten, die wollen Euch gar nicht." Und so war es dann auch."[1]*

Nächste Station von Pater Leppich war der Schleusenbahn-
hof im schlesischen Kohlfurt, wo unzählige Züge mit Vertriebenen Halt machen mussten zur Weiterfahrt.

Abb. 26: Bahnhof Kohlfurt

Das Ordinariat wollte hier einen Priester für die seelsorg-
liche Betreuung eingesetzt wissen. Pater Leppich meldete
sich sofort für diesen Dienst. Er verließ Breslau und kümmerte sich um die Flüchtlinge, die in Kohlfurt ankamen.
Am 04.04.1946 schrieb Leppich darüber:

„… 2 große Züge laufen täglich ein… Ich halte es etwa so: In jeden Waggon muß man persönlich hineingehen, sonst erreicht man keine Fühlungnahme. Wenn man nur 2 Minuten dafür zur Verfügung hat, muß man sportlich u. gesund sein, denn ohne Leitern springt man in die hohen Waggons… Dabei erfolgen auch die Einladungen für die hl. Messe. Dann sammle ich von Waggon zu Waggon, wie ein Rattenfänger, die vielen hundert Kinder u. halte eine richtige Missions-Abschiedspredigt im großen Wartesaal. Die Konzertflöte muß mithelfen. 20 Ministranten bieten sich jedes Mal von selbst an. Mit der Segnung entlasse ich die Kinder, die sich kaum trennen wollen u. ihrerseits begeistert die Eltern zur Abendmesse schicken. Im großen Wartesaal hat meine Jugend einen schönen stilvollen Altar aufgebaut. Alles steht erwartungsvoll zur letzten Messe in der Heimat. Ich halte eine Predigt über das Vertrauen mit Ermahnungen für das Leben in der neuen Heimat… Festlich erschallen die Lieder zur Abendmesse. Der Abend- und Reisesegen bildet den Abschluß dieses großen u. letzten Erlebnisses in der Heimat. Der Jugend habe ich anschließend noch einige besondere Worte zu sagen. Es sind die alten Themen, u. ich glaube, in dieser kurzen Zeit entsteht trotz allem eine schöne Begeisterung für unsere große, hl. Idee. Hunderten kann man dann noch persönlich die Hand reichen… Bei Abfahrt des Zuges ist es der kath. Priester, der als letzter in der Heimat ihnen zuwinkt. Hoffentlich ist der Priester wiederum der erste, der diese Menschen in der neuen Heimat begrüßt…"[2]

Eine Glanzleistung ganz besonderer Art gelang Pater Leppich nach entsprechenden Verhandlungen mit den polnischen Besatzungsbehörden. Er durfte insgesamt drei Züge mit mehreren Waggons zusammenstellen, um Jugendliche vor der Deportation in die Sowjetunion zu bewahren. Die

Züge starteten in Breslau. Ob Pater Leppich die Verhandlungen hierzu noch in seiner Breslauer Zeit oder erst in Kohlfurt führte, ließ sich nicht mehr rekonstruieren, jedenfalls begleitete er die Züge, bevor er schließlich nach Kohlfurt zurückkehrte. Ob die Rückkehr mit einer Sondererlaubnis der Besatzungsmächte erfolgte, lässt sich zwar vermuten, aber auch hier weisen die Quellen Lücken auf.

Ein Zug fuhr nach Bückeburg, ein anderer fand sein Endziel im März 1946 in Stotel bei Bremerhaven. Dr. Leopold Kornberg, der heute in Trier lebt und von Beruf Tierarzt war, fuhr seinerzeit im Zug nach Stotel mit:

„Ich bin 1929 geboren und ich war 1946 in Breslau bei Verwandten. Damals war ich 17 Jahre alt. Pater Leppich habe ich in Breslau als sehr aktiven und engagierten Jugendseelsorger kennengelernt, und zwar in der Pfarrei St. Michaelis. 1946 sind wir aus Breslau ausgewiesen worden und fuhren mit dem Zug in Viehwaggons in eine ungewisse Zukunft fern der Heimat. Wir wussten nicht, ob wir letztendlich im Gebiet der späteren DDR oder im Westen ankommen würden. Pater Leppich… befand sich auch im Zug. Wir fuhren quer durch das Gebiet der späteren DDR und landeten schließlich in Stotel bei Bremerhaven. Pater Leppich blieb dort meiner Erinnerung nach so zwei bis drei Monate. Wir durften zu gewissen Zeiten die evangelische Kirche mitbenutzen. Pater Leppich hielt die Gottesdienste und schon damals fiel er als begnadeter Prediger auf. Das führte dazu, dass es nach einigen Wochen mehr evangelische Christen in unserem Gottesdienst hatte als in deren eigenem Gottesdienst, was den evangelischen Pastor ziemlich geärgert hat."[3]

Abb. 27: Dr. Leopold Kornberg (links) als Junge mit seinem Bruder

Der letzte der drei Züge verließ den Bahnhof in Breslau am 02. Mai 1946 und fuhr nach Cadenberge. Mit der Fahrt in diesem Zug musste auch Pater Leppich seiner Heimat Lebewohl sagen, denn auch ihn traf das Los der Vertreibung.

8 Im Durchgangslager Friedland und in Göttingen

Am 26. September 1945 wurde im Grenzdurchgangslager Friedland in Niedersachsen der Betrieb aufgenommen. Vorausgegangen war die Beschlagnahme der Viehställe des Versuchsgutes Friedland der Universität Göttingen und seiner benachbarten Gebäude durch die Alliierten. Im großen Kuhstall entstand der erste Schlafsaal. Neben den Gebäuden wurden Baracken errichtet. Der Aufbau des Lagers musste sehr rasch vonstattengehen. In ganz Deutschland herrschte Hunger und davon blieb auch das Lager nicht verschont. Die Beschaffung von Nahrungsmitteln gestaltete sich alles andere als leicht. Mancher starb im Lager an den Folgen des Krieges und der Vertreibung. Friedland wurde zum „Zentrum der deutschen Not", wie es auch genannt wurde.

1946 wurde Pater Leppich der erste katholische Lagerpfarrer im Durchgangslager Friedland. Er hatte gehört, dass dort noch kein katholischer Geistlicher zur Verfügung stand. Das Leid der Vertriebenen konnte er gut nachvollziehen, denn er hatte es am eigenen Leibe erfahren. So lebte Leppich mit ihnen in den Baracken und setzte seine Kraft bis zur vollkommenen Erschöpfung für seine Landsleute und die vielen anderen Vertrieben ein, um ihnen Hoffnung zu machen. Anton Dörl aus Göttingen hat Pater Leppich selbst im Lager erlebt:

„Ich bin in Friedland geboren und aufgewachsen. Lange Zeit waren wir dort die einzige katholische Familie. Das änderte sich erst im Laufe des Zweiten Weltkrieges, als Flüchtlings-

familien aus den zerbombten Städten Deutschlands zuzogen. Pater Leppich kam 1946 in das Lager Friedland. Ich war damals 11 Jahre alt. Das Lager war erst wenige Monate vorher entstanden. Aufgrund der ungeheuer großen Menschenmassen, die aus den östlichen Teilen des Deutschen Reiches als Vertriebene in das Lager strömten, musste es rasch aufgebaut werden. Dementsprechend provisorisch sah das Lager auch aus. Als Pater Leppich kam, lebten die Vertriebenen eng zusammen in sog. Nissenhütten. Pater Leppich musste sein Quartier ebenfalls in einer dieser Hütten aufschlagen. Und in einer solchen Hütte fanden dann auch die Gottesdienste statt. Eine eigene Lagerkirche gab es damals noch nicht. Ich bin öfters in das Lager zur Messe gegangen, die Pater Leppich immer hielt. Ein Papier für seine Predigt brauchte er nicht, sondern er sprach alles frei und konnte dabei seine Zuhörer mitreißen. Ich erlebte ihn als sehr aufgeschlossenen und unheimlich freundlichen Priester, der mit jedem sprach. Was mir auffiel, war sein Optimismus, der ihn immer nach vorne blicken ließ. Leben und Predigt schienen mir bei ihm übereinzustimmen. Ich weiß auch, dass Pater Leppich viele Bettelfahrten unternahm, um bei Landwirten Nahrungsmittel zu bekommen und auch in Bekleidungsfabriken ging er, um Kleidung für die Vertriebenen zu erbetteln." [1]

In Friedland lebten Vertriebene aus allen gesellschaftlichen Schichten mit jeweils eigener Lebensgeschichte auf engem Raum zusammen. Hier war eine ganz besondere Form der Seelsorge durch Pater Leppich gefragt:

„Ein Priester mußte sich hier charismatisch „aufdrängen". Dann konnte er spüren, wie er –trotz Hungerzeit und selbst im Lager in äußerster Kargheit lebend – im Gespräch vie-

Abb. 28: Ankommende vor einem britischen Armeezelt im Lager Friedland 1945/46

len verzweifelten Menschen doch ein gutes und helfendes Wort sagen konnte... Erst viel später erfuhr ich, daß in „meiner" Menschen-Lawine bekannte oder bedeutende Männer und Frauen gewesen waren, von denen man zum Teil heute noch spricht. Es waren Künstler, Schauspieler, Männer der Politik, der Wirtschaft. Und auch solche, die dann in den sich entwickelnden Medien führend wurden. Es waren aber auch Menschen dabei, von denen man bald anderes hörte: „Goldfasanen" (Nazi-Parteigrößen). Manche von ihnen wurden später hingerichtet... Manchmal hatte ich aus einem persönlichen Gespräch schon herausgespürt, daß da ein Mensch war mit Verbrechen auf dem Gewissen."[2]

Vom Lager Friedland aus fuhr Johannes Leppich nach Göttingen, um in den dortigen Kirchen zu predigen und in der Stadt eine intensive Jugendarbeit aufzubauen.

In der vom damaligen Bundesministerium für Vertriebe, Flüchtlinge und Kriegsgeschädigte herausgegebenen Schrift „20 Jahre Lager Friedland" findet sich eine Aussage zum Wirken von Pater Leppich:

„1946 wurde der Jesuitenpater Johannes Leppich aus Ratibor der erste katholische Lagerpfarrer. Unter Einsatz all seiner Kräfte hat er versucht, den ungeheuren seelischen und körperlichen Belastungen gerecht zu werden. Die tägliche seelische Anspannung, Kälte, Hunger, die Bettelfahrten über Land, gingen über die Grenzen dessen, was die Natur ihm an Kräften verliehen hatte. Als er im November 1946 krank aus dem Lager getragen wurde, war er einer von vielen, deren Leben die Arbeit in Friedland für immer gezeichnet hatte."[9]

9 Ruhrgebiet, CAJ

Ende 1946 zog Pater Leppich ins Ruhrgebiet. Hier fühlte er sich am religiösen Seismographen Deutschlands:

„Wer hier im Kohlenpott wirkt, steht auf Horchposten für ganz Deutschland. Hier zählen die Gewichte doppelt, hier fällt die Entscheidung über Knechtschaft oder Freiheit."[1]

Prälat Ludwig Wolker holte ihn in die Jugendzentrale nach Altenberg im Erzbistum Köln. Sein Organisationstalent brachte Wolker den Spitznamen „der General" ein. Er wurde von der Deutschen Bischofskonferenz mit dem Wiederaufbau der katholischen Jugendarbeit im kriegszerstörten Deutschland betraut.

Abb. 29: Altenberg

Wolker stellte Leppich dem damals schon berühmten und späteren Kardinal Msg. Cardijn vor, der zu dieser Zeit einen geeigneten Mann zur Ausbreitung seiner CAJ-Bewegung (Christliche Arbeiterjugend) in Deutschland suchte. Pater Leppich blieb die Erinnerung an diese Begegnung im Gedächtnis haften:

„Er beobachtete mich aus ca. 10 m Entfernung und sagte zu einem Jugendführer: „Der Leppich dort kann das machen. Der ist geeignet. Er hat einen Kopf wie ein Laie… Das

war nicht als Lob gemeint. Ich hielt die Bemerkung für negativ, weil er nichts Spirituelles aus meinem Gesicht herauszulesen schien."[2]

Leppich war für diese Aufgabe die Idealbesetzung:

„Und so fuhr ich also von Hamburg bis München auf alle Priesterseminare und trug seine Ideen vor.

Abb. 30: Msg. Cardijn und Pater Leppich

Sein Motto war: „Bewähren, nicht bewahren". Auf diese Weise haben wir die vernachlässigten jungen Menschen des Arbeitermilieus für ein dynamisches Engagement im Apostolat zu begeistern versucht. Besonders im Ruhrgebiet…"[3]

Ende 1946 berief ihn Josef Kardinal Frings, Erzbischof von Köln und Vorsitzender der Fuldaer Bischofskonferenz zum ersten Bundeskaplan der Christlichen Arbeiterjugend Deutschlands.

Leppich besuchte Msg. Cardijn auch selbst in dessen Brüsseler Zentrale, um von ihm zu lernen. Als verhasster Deutscher war diese Reise nach Belgien alles andere als einfach. Freunde liehen ihm eine französische Uniform, mit der er sich ohne Pass und Visum zu Cardijn durchschlagen konnte.

Leppich war von Cardijns Ideen fasziniert. Beide wussten sich schon allein aufgrund ihrer sozialen Herkunft der Arbeiterschaft verbunden. „Die Kirche ohne die Arbeiterklasse ist nicht mehr die Kirche Christi" war eines der einprägsamen Zitate des Gründers dieser weltweiten Bewegung.

Aus dem pädagogischen Dreischritt Cardijns „sehen – urteilen – handeln" wusste Leppich auch für seine spätere Arbeit als Volksprediger und als Gründer der „action 365" zu profitieren.

Abb. 31: Rottmannshöhe am Starnberger See

Von seinem Orden wurde Johannes Leppich ins sog. Tertiat zur letzten ordensinternen Ausbildung auf die Rottmannshöhe am Starnberger See geschickt. Danach kehrte er 1949 nach Essen zurück und zwar ins Ignatiushaus.

1948 war Pater Leppich auch in der G.S.O, der German Service Organisation, seelsorglich tätig. In der britischen Besatzungszone standen in rund 120 Lagern über 40.000 Mann im Dienste der G.S.O. Das waren Deutsche, die gegen geringen Lohn die Besatzungstruppen in ihrer Arbeit unterstützten. Pater Leppich nahm das Angebot von Kardinal Frings an und übernahm die Seelsorge für diese Menschen, die lange ohne priesterliche Betreuung waren:

„Man begegnete innerhalb dieser Organisation vielen Fremdenlegionärstypen, aber auch vielen ehemaligen Offizieren... Sie alle waren „vom Winde verweht" und meistens von ihren Familien getrennt... Die Seelsorge war bitter, aber zugleich auch chancenreich. Man konnte diese Männer nur für sich gewinnen, wenn man wie ein Kumpel zu ihnen kam. Oft wurde bis in die Nacht hinein in den Kantinen diskutiert."[4]

10 Der Asphaltprediger

Pater Leppich begann nach dem Krieg zunächst in Kirchen zu predigen. Er spürte ganz deutlich, dass viele Menschen in ihrer Nachkriegsnot nicht zuletzt für seine Form der Verkündigung empfänglich waren:

„Nach dem deutschen Zusammenbruch strömten die Menschen zu den kirchlichen Veranstaltungen wie heute nur noch zum Fußballplatz. In diese Situation hinein begann ich mit meinen Predigten, denn ich hatte den Hunger gespürt, der überall nach dem lebendigen, gesprochenen Wort aufgebrochen war. Die Kirchen füllten sich schnell, wenn ich sprach, so daß ich einen Lautsprecher vor das Portal legen mußte, damit die Draußenstehenden auch mithören konnten. Bald standen vor dem Portal mehr Menschen als die ganze Kirche faßte. Da bin ich selbst auch draußengeblieben.“[1]

Die Anfänge verliefen zwar schrittweise, aber seine erste Großveranstaltung vom 29. Februar 1948 im Zirkus Bügler zu Essen vor 5.000 Menschen kann als eigentlicher Durchbruch bezeichnet werden. Durch Plakate wurde die Veranstaltung zum Thema „Christus oder Chaos" angekündigt. Es waren so viele Zuhörerinnen und Zuhörer gekommen, dass lange vor Beginn der Predigt kein Stehplatz mehr zu finden war. Wie schon zuvor bei seinen Predigten in den Kirchen ging Pater Leppich deshalb mit seinem Mikrofon nach draußen.

Mit dem Auftritt im Zirkus Bügler hatte Pater Leppich seine eigentliche Lebensaufgabe gefunden. Während der nächsten 25 Jahre sollte er ruhelos das Evangelium auf dem Asphalt verkünden, landauf und landab, überall dort, wo man ihn hören wollte.

Dabei kam es ihm vor allem darauf an, die zu erreichen, die der Kirche fernstanden, auch die Gleichgültigen und nicht zuletzt die Arbeiterschaft. Auch bei den Fernstehenden gab es zumindest noch eine gewisse Glut, an die aber viel Sauerstoff gebracht werden wollte, um daraus wieder ein Feuer des Glaubens zu entfachen:

„Ich muß an ein Publikum heran, das keinen Weihrauch mehr riechen kann, was in keine Kirche geht.“[2]

Seien wir ehrlich, wer kümmert sich heute in unserer Kirche um Fernstehende und Ausgetretene? Ein Kirchenaustritt ist in der großen Mehrzahl der Fälle ein endgültiger Schritt. Es sind verhältnismäßig wenige, die den Weg in die Kirche zurückfinden. Für Johannes Leppich waren aber gerade sie die wichtigste Klientel. Ihnen galt seine ganze Aufmerksamkeit. Sein Arbeitsfeld war das religiöse Niemandsland, wie er es einmal ausdrückte.[3]

Im Winter zog er sich zurück, um seine Predigten auszuarbeiten und Bücher zu schreiben. In der wärmeren Jahreszeit predigte er dann durchschnittlich an fünf Abenden pro Woche auf den Marktplätzen, in Hallen und in Sportstadien. Das Dach seines Opel-Blitz wurde dabei zur Kanzel.

*Abb. 32: Vorankündigung einer Veranstaltung durch Lautsprecherdurch-
sage durch Opel Blitz*

Die Veranstaltungen mussten gut geplant sein, denn es
durfte möglichst wenig schiefgehen. Zeitweise wurden im
Vorfeld Fragebögen in die Veranstaltungsorte gesandt, um
Basisinformationen zu sammeln. Gefragt wurde z.B. nach
dem soziologischen Kolorit, den ansässigen Großbetrieben
und welche Zeitungen es in der Stadt gab.

Einer seiner Reisemanager war Anton Juli. Er war mit Pater Leppich im August und September 1964 in der nord-
deutschen Diaspora, in Oberfranken und Süddeutschland
unterwegs.

Seine Erlebnisse schrieb Anton Juli in einem Manuskript nieder, das im Archiv des 2019 aufgelösten Sozialwerkes Pater Leppich e.V. aufbewahrt wurde. Es zeugt von den vielen Schwierigkeiten, von denen die Auftritte Pater Leppichs begleitet waren, aber auch von den schönen und ermutigenden Begegnungen und erlaubt einen Einblick in die Organisation der Veranstaltungen:

„Ein volles Jahr im Vorhinein liegen die Termine der Kundgebungen in allen Einzelheiten fest… Die kommunalen Behörden sind informiert: sie werden um Absperrmaßnahmen und Bereitstellen von Parkplätzen gebeten; die Sammelerlaubnis wird eingeholt und erfahrungsgemäß auch erteilt… Besonders wichtig ist die Wahl des Platzes. Da PL ja die Leute ansprechen will, die eine Kirche nicht gern von innen sehen…, legt er Wert darauf, daß der Platz möglichst nicht dicht bei einer Kirche ist und einen harmlosen weltlichen Namen hat. Natürlich spielt auch die Akustik eine große Rolle. Aber auch hier wird dadurch vorgesorgt, daß ein eigener Übertragungswagen mit Lautsprecheranlage mit von der Partie ist. Der Platz darf nicht zu groß und nicht zu klein sein; er muß zentral liegen (oder doch zumindest leicht erreichbar sein); Parkplätze müssen in der Nähe sein; er muß akustisch ungestört sein und das wieder muß durch möglichst unkomplizierte Umleitungen erreicht werden; er muß optisch gut gegliedert sein (PL legt Wert darauf, daß ihn möglichst alle Leute, die ja zum Teil von weit her kommen, nicht nur hören, sondern auch gut sehen können) und vor allen Dingen: er soll möglichst nichts oder nicht viel kosten. Um sicher zu gehen, daß all diese Dinge entsprechend berücksichtigt werden, fährt PL auf einer seiner Reisen gern in die Städte, die er im kommenden Jahr besuchen will und orientiert sich an Ort und Stelle. Oft wird hierbei

schon der genaue Standort des Übertragungswagens („wo kön-
nen wir den Strom her bekommen?") und der einzelnen Laut-
sprecher festgelegt... PL ist der Meinung, daß möglichst al-
les „narrensicher" gemacht wird. Deshalb wird nicht nur ein
Platz, sondern auch ein Ausweichplatz festgelegt und außer-
dem noch eine Halle (oder auch eine Kirche) für den Fall, daß
wirklich einmal schlechtes Wetter sein sollte."4

Abb. 33: Pater Leppich mit Anton Juli und Elfriede Müller im Tal nach
Leisach (Österreich)

Selten war es in einer Stadt möglich, mit dem Lautsprecherwagen durch die Straßen zu fahren und über Ansagen Wer-
bung für die Veranstaltung zu machen. Als es in einem kleinen
Städtchen dennoch einmal erlaubt wurde, gab es technische
Probleme mit dem Transformator. Eine Getränkefirma stellte daraufhin kurzentschlossen ihren Wagen zur Verfügung.
Der engagierte Kaplan der Kirchengemeinde wollte mitfah-
ren. Ihm gefielen aber die vorbereiteten Standardsätze nicht

und so schmiedete er mit den anderen zusammen neue Werbeslogans. Ein besonders origineller lautete:

„Lassen Sie heute Abend, wenn Sie zu Pater Leppich gehen, ruhig Ihre Haustüre offen; es wird bestimmt nicht eingebrochen – denn auch die Spitzbuben und Diebe wollen Pater Leppich hören. Er spricht…"[5]

Die Vorträge fanden abends statt, so dass tagsüber der Aufbau der Lautsprecheranlage erfolgte. Viele Helferinnen und Helfer verteilten schon einige Wochen vor der Veranstaltungen Plakate. Um hiervon einen Eindruck zu vermitteln, seien für eine Veranstaltung in Karlsruhe am 05.05.1965 folgende Zahlen genannt: 400 Plakate und 25.000 Zwergplakate.

Zum Vortrag bestieg Pater Leppich das Dach seines Opel-Blitz, auf dem ein Mikrofon stand.

Abb 34: Im Erzbistum Bamberg

Die „Bonner Rundschau" berichtete dazu am 14.06.1967 über ihre Eindrücke:

„Elastisch wie ein Zehnkämpfer, hager wie ein Bußprediger und braungebrannt wie ein Playboy steht er jetzt wieder in der Dämmerung am Mikrophon und feuert die Stalinorgel des Heiligen Geistes gegen satte Kapitalisten, abgestandene Vereinsmeierei, katholische Blindschleichen und evangelische Unterseeboote…"[6]

Deutlich war auch das Sportabzeichen an seiner Soutane zu sehen. Zumindest zu jener Zeit brauchte er auch die Massen, um richtig in Fahrt zu kommen. Schließlich würde ja – so „Der Tagesspiegel" vom 04.07.1967 – Karajan auch keine Dorfkapelle dirigieren.[7]

Schöngeistige Reden und „tiefentheologische" Predigten zu halten, das war nicht seine Sache. Er liebte die volksnahe Sprache, die jeder verstehen konnte:

„Ich bin kein theologischer Fachmann, der die Dinge exegetisch bearbeiten kann. Ich bin kein exegetischer Maulwurf, weil ich erstens zu dumm bin und nicht promoviert habe, und weil ich zweitens müde bin, alles in Frage zu stellen, alles anzuzweifeln. Die Leute haben vom Experimentieren die Schnauze voll."[8]

Er schaute dem Volk aufs Maul, redete ihm aber nicht nach dem Maul. Und dass seine Predigten oft weit mehr als eine Stunde dauerten, verteidigte er mit dem Hinweis, dass dies hier keine religiöse Schnellimbissstätte sei. Viele trieb zunächst einfach nur die Neugierde zu seinen Veranstaltungen. Leppich in Berlin:

„Ich wußte, Berlin, daß du nicht fromm bist, aber neugierig bist du!"[9]

Pater Leppich nahm sich auch hier ein Beispiel an Jesus. In einem Interview mit der spanischen Zeitung „La Vanguardia" wurde er auf das Thema angesprochen und er erklärte:

„Viele kommen aus diesem Grund, aber zu Jesus Christus kamen auch viele aus Neugier, und er hat sie ernst genommen. Und viele von ihnen sind heilig geworden. Ich glaube dasselbe, wenn ich im Stadion zu meinen Zuhörern spreche: sie kommen neugierig und gehen verändert weg."[10]

Die Begeisterung, die Pater Leppich mit seinen „Asphaltpredigten" hervorrief, war enorm.

Abb. 35: Selbst bei Regenwetter kamen unzählige Menschen

Claus-Peter Levermann, zuletzt langjähriger Leiter der „Westfalenpost"-Redaktion Menden, war selbst auf zwei Großveranstaltungen. Heute ist er längst in Rente, aber seine Begeisterung für die Person Leppich strahlt auch jetzt noch aus jedem seiner Worte.

Er war gerade mal 18 Jahre alt und freier Mitarbeiter der Zeitung, als er Leppich erstmals in Lendringsen erlebte:

„Samstag, 2. Juli 1960. Menden liegt wie ausgestorben, lange Menschenschlangen auf den Wegen aus dem Hönnetal, aus Menden, alle Richtung Lendringsen. Unzählige Autos. Alle wollen in die Max-Becker-Kampfbahn. 10 000 Zuhörer waren es, mehr als bei den Veranstaltungen der da-maligen Zeit im Huckenohl-Sta-

Abb. 36: Claus-Peter Levermann

dion. Sie scharten sich um den Kleinbus, auf den der Jesu-it bereits geklettert war und ersten Kontakt zu den Menschen suchte. Immer noch strömten die Menschen herbei.

Ich habe diesen Abend in Lendringsen als 18-Jähriger miter-lebt… Die Menschen an diesem denkwürdigen Abend im Juli 1960 in Lendringsen kamen nicht nur aus dem heimischen Raum. Die Autokennzeichen zeigten, dass sie von überall her nachgereist waren, um ihn zu hören. Sie folgten diesem beg-nadeten Prediger…

Abb. 37: In Lendringsen

Es war still in der Kampfbahn, die Menschen waren ge-
bannt... Meine Vorgängerin bei der Westfalenpost, Gise-
la Orlowski, konnte kaum so schnell mitschreiben, wie dieser
Mann loshämmerte, ohne Angst, ohne Rücksicht auf irgend-
welche Gefühle. Er wollte aufrütteln. Dieser Pater, der bereits
Anfang der 50er Jahre auf der Reeperbahn für Furore sorgte,
schleuderte Männern wie Frauen, darunter erstaunlich viele
Jugendliche, in der Max-Becker-Kampfbahn plötzlich Wahr-
heiten entgegen, mit denen sie nicht gerechnet hatten. „Sie
brauchen nicht rot zu werden bei meinen Ausführungen, das
sollten Sie lieber bei der Durchsicht einiger Illustrierten".[11]

Der zweite Auftritt Leppichs, den Levermann live erleben
durfte, fand in Hamm statt. Dem Besuch dieses Auftritts
ging eine kleine Vorgeschichte mit Monique voraus, die
dem horizontalen Gewerbe auf dem Straßenstrich nach-
ging. Levermann lernte sie kennen, weil die Autos, die
nachts unter dem Fenster seiner Bude anhielten, seinen
Schlaf störten, was er ihr auch sagte, und so entstand der
persönliche Kontakt:

„Welch Seelen-Hunger steckte wohl in diesem „leichten Mäd-
chen", als es mich nachts um 1 Uhr in einer Bar fragte: "Claus,
nimmst Du mich mit?" Nein, nicht auf irgendeine Bude, son-
dern am nächsten Tag zu Pater Leppich. In Hamm war es.
Ende der 60er, Anfang der 70er Jahre. Wir Redakteure hat-
ten abends spät noch am Umbruchtisch gestanden, hatten die
Bleiläuse vertrieben und noch gewartet, bis die Zeitungausga-
be vom nächsten Tag angedruckt war. Mit dem noch druck-
frischen Ergebnis unterm Arm zogen wir auf einen Absacker
nach einem langen Tag in die nahe liegende Bar, ins Myr.
An der Theke hatten wir uns über Pater Leppich unterhalten
und beratschlagt, wie man dieses Thema angehen sollte. Da
kam Monique und fragte. Eher schüchtern. Selbstverständlich
konnte sie mitkommen, ich hatte da keine Berührungsängste.
Pater Leppich hat schon auf der Reeperbahn die Fetzen flie-
gen lassen. Warum nicht in Hamm vor vielen tausenden Zu-
hörern?"[12]

Nach dem Auftritt war er auf Moniques Reaktion gespannt, was sie zu Pater Leppich sagen würde:

„Sie war ganz still nachher. Nur ein „Danke, Claus." Ich habe
sie nie wieder gesehen."[12]

Pater Leppich versuchte bei seinen Veranstaltungen erst
einmal, die Atmosphäre zu entklerikalisieren. Aber danach
ging es zur Sache! Leppich schonte seine Zuhörerinnen
und Zuhörer nicht, wurde teilweise sogar beleidigend. Er
wusste, dass er nur so die Menschen wirklich wachrütteln
kann. In Nürnberg gestand er dazu ein:

„Ich hole die Menschen 30 oder 50 Kilometer weit her, um sie
fertig zu machen!"[13]

Die Angst, die er dabei streckenweise in seinen Veranstaltungen erzeugte, sollte nicht destruktiv, sondern heilsam sein. Ihm war vollkommen klar, dass Jesus selbst auch nicht immer nur das gelehrt hat, was die Menschen von ihm hören wollten, sondern er erfüllte den Willen seines Vaters:

„Ich habe versucht, eine Sprache zu sprechen, die nicht parfümiert ist. Das ist manchmal shocking; aber Christus hat auch geschockt, und die Propheten haben so radikal gesprochen, daß die Menschen weggelaufen sind, die wollten sogar Christus steinigen, und ich bin der Meinung, wenn die Leute mich loben in der Zeitung, dann stimmt nie was. Die sollen mich lieber steinigen als loben; denn da habe ich wenigstens die Wahrheit gesagt.“[14]

Den wenigen, die an seinen Auftritten Anstoß nahmen, konnte er Worte wie „und wem diese meine Sprache nicht passt…, der geh doch weg“ entgegenschleudern.[15]

Pater Leppich verstand es aber auch meisterhaft, den Besucherinnen und Besuchern seiner Veranstaltungen Mut zu machen und sie zum Umdenken und Handeln zu bewegen.

Langweilig wurde es bei seinen Predigten nie. Die „Berliner Morgenpost“ schrieb dazu in ihrer Ausgabe vom 24.04.1963: *„Seine Vorwürfe verhindern den „Hochamtsschlummer“ und die Farbe seiner Sprache würde mancher Kirchenabonnentin die Rüge „Aber Hochwürden!“ über die Lippen bringen.“*[16]

Abb. 38: In Gelsenkirchen

Pater Leppich hatte Schwerpunktthemen, über die er predigte. Was er bis in den Tod hinein hasste, das waren gleich-
gültige, laue und nicht begeisterungsfähige Katholiken:

„Traurig macht mich die allgemeine katholische Lethargie
und Zähflüssigkeit so vieler Amateur-Katholiken, die man so
wenig begeistern kann."[17]

Er wollte Menschen, die sich aktiv mit ihrem Glauben
auseinandersetzen, zu ihrem Glauben stehen, diesen gegen Angriffe verteidigen und die Begeisterung für ihren
Glauben missionarisch nach außen tragen. Ebenso sollten
sie den „Dreck des Alltags" ernst nehmen und wenigstens
versuchen, die Bergpredigt in ihrem persönlichen Leben
umzusetzen. So predigte er im katholischen Wallfahrtsort
Altötting:

„Ich mag die überkonfessionelle Haltung nicht, das Totschweigen Gottes im Rundfunk, in den Zeitungen, diesen gefährlichen Relativismus; dieser hat zur Folge, daß Tatchristen überall an die Wand gedrückt werden… Passivisten seid ihr, das ist die größte Schande des Christen… Ich wünsche euch allen etwas Diasporaluft. Ihr müßtet aus euren schönen bayerischen Kirchen herausgerissen werden, damit ihr in den verrauchten Tanz- und Kinosälen die Masse erlebt. Dann sähe man schon, was euer Glaube noch wert ist. Wer von euch kann die Antwort geben auf die Fragen der Verzweifelten, der Gescheiterten, der Unwissenden; auf das Gebrüll der Parteiversammlungen? Und zwar dort, wo der Priester nicht mehr hin kann: in deiner Fabrik, in deinem Büro, von Mensch zu Mensch? Die Marxisten reden. Die Katholiken aber? Am Sonntag überfüllte Kirchen! Am Montag großes Schweigen… Der Christ muß zum Revolutionär werden. Leider gibt es viel zu viele katholische Leisetreter…“[18]

Leppich wollte mit seinen Predigten ferner erreichen, dass sich Christen für ihre Not leidenden Mitmenschen engagieren. Nächstenliebe sollte vorgelebt und nicht nur mit den Lippen bekannt werden. Die von Pater Leppich ins Leben gerufene „action 365" bot dazu reichlich Gelegenheit. Darauf wird im folgenden Kapitel noch ausführlich eingegangen.

Trotz seiner zuweilen brutalen Ausdrucksweise spürten die Menschen, dass da oben auf dem Dach des Opel-Blitz einer stand, der das ernst meinte, was er sagte. Die Bonner Rundschau vom 14.06.1967 brachte es auf den Punkt:

„Aus jedem Wort spürt man den gespenstischen Ernst seines Christentums, das nichts anderes ist als die Revolution der

Nächstenliebe. Jargon, Witz und Gag sind zweitrangig gewor-
den, das rhetorische Feuerwerk dient nur der Erleuchtung der
Gedanken und Erwärmung der Herzen… Nie war er so not-
wendig wie heute."[19]

Ein weiteres Schwerpunktthema seiner Verkündigung war
der Kommunismus. In der Nachkriegszeit stellte der Kommunismus die Hauptgefahr für den christlichen Glauben
dar. Nach dem Zerfall der Sowjetunion ging der kommu-
nistische Machteinfluss in der Welt zwar deutlich zurück,
aber zur Zeit von Pater Leppich war ein großer Teil der
Staaten dem kommunistischen Macht- und Einflussbe-
reich zuzurechnen. Die junge Generation heute kann sich
kaum mehr eine Vorstellung darüber machen, welchen Expansionsdrang diese Ideologie mit ihrer atheistischen Wel-
tanschauung einmal in sich trug. Pater Leppich war diese Gefahr durchaus bewusst. Sogar noch 1977 umfing ihn
diese Sorge:

„Ich bin nach wie vor geschwängert von der Angst, daß der
Kommunismus das Christentum überrollt."[20]

Gegen diesen Kommunismus kämpfte Pater Leppich mit
ganzer Kraft an. Zwar hatte er vor einem Kommunisten,
der für seine Sache glühte, mehr Respekt als vor einem lau-
en Christen, aber die atheistische Ausrichtung dieser Ideologie mobilisierte bei ihm sein ganzes „katholisches Im-
munsystem". Ihm war vor allem eines klar, wie er bei einer
Großveranstaltung in Innsbruck sagte:

„Eine falsche Lehre, die geglaubt wird, hat mehr Kraft als die
rechte Lehre bei Leuten, die nur Limonade in den Adern ha-
ben."[21]

Im bereits erwähnten Auftritt in Lendringsen sagte Leppich:

„Lenin, Du hast unrecht. Steh auf aus Deinem Grab und sieh, was Du angerichtet hast.“[22]

Pater Leppich ließ keine Gelegenheit aus, auf die Gefahr eines kommunistischen Weltbrandes hinzuweisen:

„Ich habe nie Antikommunist sein wollen, obwohl ich den Kommunismus beim Einmarsch in meine Heimat in furchtbarer Weise kennengelernt habe. Doch solange ich einen Mund zum Reden habe, werde ich die Methoden der atheistischen Erziehung anprangern, – vor allem angesichts der Tatsache, daß auch heute noch Eltern in Rußland in die Verbannung geschickt werden, weil sie ihre Kinder daheim das Beten gelehrt haben.“[23]

Abb. 39: 1957 beim Kongress „Kirche in Not“

Mit seinem dritten Schwerpunktthema prangerte Pater Leppich die immer mehr aufkommende Pornografie auf Plakaten und Illustrierten, Prostitution und ganz allgemein die ausufernde Sexualisierung der Gesellschaft an:

„Und jetzt frage ich Dich: Mädel, kennst Du den Mann, den Du Deinen Bräutigam nennst? Mit dem Du eines Tages vor den Traualtar treten willst? Ist er etwa auch einer jener Tangojünglinge, die Augenränder haben wie die Autoreifen? Weißt Du auch, dass in jedem Mann ein Ritter und ein Raubritter steckt? Hüte Dich davor, den Raubritter, den Casanova in ihm herauszufordern! Denn dann wird er an Deiner Seite die Straße mit geilen Augen wie ein Scheinwerfer nach sexueller Aufputschung abgrasen. Dann wird er Dich später in der Ehe mißbrauchen, er wird Dich leid werden und dann wegwerfen wie eine zerknitterte Papierserviette.“[24]

In diesem Zusammenhang ist allerdings seine Bewunderung für das sittenstrenge Spanien und den spanischen Diktator Franco sehr kritisch zu sehen.

Manchmal wurden gegen Pater Leppich auch Vorwürfe aus konservativen Kreisen laut, dass er als Pater über solche Dinge sprach. Aber das berührte ihn nur wenig:

„Glauben Sie denn, man müsse erst selbst Morphinist oder Syphilitiker sein, wenn man über das Laster eines Rauschgiftsüchtigen oder über die Geißel der Geschlechtskrankheiten reden will? Ich will keine medizinische Aufklärung geben, aber ich werde die Dinge beim Namen nennen. Ich werde Huren „Huren“ nennen – auch dann wenn Sie es mit „Hausfreund“ bezeichnen, gnädige Frau!“[25]

Pater Leppich hatte sicherlich Recht, wenn er von einer übermäßig sexualisierten Gesellschaft ausging und diese mit einem großen Fragezeichen versah, aber im einen oder anderen Punkt zu diesem Thema mag er zuweilen auch etwas über das Ziel hinausgeschossen sein.

Johannes Leppich wusste, dass das Christentum nicht zuletzt an die Ränder der Gesellschaft gehen muss. Und so suchte er die Reeperbahn in Hamburg auf, um dort zu predigen. Sogar das Radio berichtete eigens über diese spektakuläre Aktion:

Reporter: *„Wir sind heute Nacht auf der Reeperbahn, die allerdings zu dieser Stunde ein ungewöhnliches Bild bietet, selbst für Hamburg eine Sensation. Die Straßen sind verstopft, ein starkes Polizeiaufgebot mit Lautsprecherwagen bemüht sich, das wogende Passantenmeer zu dirigieren. Was ist hier los? Der berühmte Jesuitenpater Leppich wird sprechen.‟*[26]

Pater Leppich scheute sich dabei nicht, Prostituierte bei Veranstaltungen direkt anzusprechen, um sie nachdenklich zu machen:

„Du Mädel dort hinten, Du hast am Anfang gepfiffen. Du kamst von der Großen Freiheit und hast schon viele Männer im Leben gehabt. Ich will Dir etwas sagen, denn ich sehe, dass Du jetzt am Ende still geworden bist. Hör mal, nach zehn Jahren wird Dich Deine Bordellmutter zum Teufel jagen, und Du wirst Dich vor Dir selbst in Deiner Dachstube ekeln. Und dann, wenn kein Freund mehr auf Dich wartet, vielleicht wartet dann noch ein Freund, hoffentlich, und das ist Jesus Christus.‟[27]

Er ging außerdem in die Zuchthäuser, um bei den Gefangenen zu predigen:

„Wehe, wenn unser Christentum mit seiner Verkündigung vor dem Bordell und dem Zuchthaus Halt macht."[28]

Abb. 40: Pater Leppich bei einem Gefängnisbesuch

Seelsorglich interessant ist seine Erkenntnis, dass wir letztendlich irgendwie alle Gefangene sind:

„Oft spreche ich auch in Gefängnissen – es sind vielleicht schon über sechzig –, auch zu dem Verbrecher in der „dritten Zelle im untersten Block". Dann denke ich zurück an das Zuchthaus, in dem mein Vater Aufseher war, und an das Krippenspiel. Und ich spüre, daß auch heute alle die Frohe Botschaft brauchen: Die Verurteilten im Gefängnis, aber auch alle Menschen, die nicht hinter Gittern und doch gefangen sind – von ihren Sorgen und Ängsten, von ihrer Sünde und Schuld."[29]

Pater Leppich war nach über fünf Jahren Predigttätigkeit in ganz Deutschland so bekannt, dass das Nachrichtenmagazin „DER SPIEGEL" in seiner Ausgabe vom 13. Januar 1954 einen sechsseitigen Bericht und ein Foto von Leppich groß auf der Titelseite abdruckte.

Nun steht „DER SPIEGEL" im Ruf, dem christlichen Glauben im Allgemeinen und dem Katholizismus im Besonderen oft nicht sehr freundlich gesonnen zu sein. Aus dem Artikel über Pater Leppich strahlt aber erstaunlicherweise keine Gehässigkeit heraus, sondern im Gegenteil, er findet durchaus anerkennende Worte für sein Wirken:

Abb. 41: „DER SPIEGEL", Ausgabe vom 13. Januar 1954

„Die merkwürdige Faszination, die von seinen Reden ausgeht, ist die wohlüberlegte Spannung zwischen priesterlicher Würde und vulgärer Ausdrucksweise, zwischen Geschäft und Evangelium, zwischen Höflichkeit und Grobheit. So zusammenhanglos und improvisiert seine Kundgebungen wirken – die abgerissenen Sätze und die atemlose Schlagzeilen-Rhetorik sind wochenlang bis ins kleinste Detail eingeübt, um die Zehntausende anderthalb Stunden lang in Spannung zu halten."[30]

Pater Leppich hatte unbestritten große Erfolge. Längst musste er nicht mehr um Zuhörerschaften bangen, sondern sie liefen ihm in Scharen nach:

„Wenn ich rede, ist die Stadt ausgestorben wie während eines Bombenangriffs."[31]

Das Thema, das Pater Leppich wohl am meisten bei seinen Predigten am Herzen lag, war der Hunger in der Welt. Um sein Anliegen in seiner vollen Trag- und Reichweite verstehen zu können, müssen zuvor seine Reisen Erwähnung finden, die ihn ein Leben lang in seinem Handeln und Reden maßgeblich beeinflusst haben. Pater Leppich machte sich selbst ein Bild vom Zustand der Welt zur damaligen Zeit.

1957 startete er zu einer 79tägigen Weltreise. Ausgangsflughafen war Frankfurt.

Abb. 42: Pater Leppich beim Brevierbeten im Flugzeug

Über Wien erreichte er Athen. Von dort aus ging es weiter nach Istanbul, wo er viel Elend sah, als er durch die Stadt ging:

„An allen Ecken und Enden sitzen Krüppel, die betteln. Ihr Anblick ist grauenvoll. Sie kommen fast alle aus Anatolien. Vor zwei Jahren ist eine Bettlerorganisation aufgeflogen. Ihre Manager haben jahrelang aus der asiatischen Türkei Krüppel importiert. Nicht weil es in Anatolien so viele Mißgeburten

gäbe. Aber unmenschliche Eltern haben ihren Kindern Hände und Füße gebrochen oder ihnen die Augen geblendet, damit sie sie als erfolgreiche Bettler an die Agenten dieser Teufelsgesellschaft teuer verkaufen konnten."[32]

Von Istanbul aus ging es weiter nach Kairo und damit erstmals auf den afrikanischen Kontinent. Er spürte dort ganz besonders den Expansionsdrang des Islam.

„Dieser Islam ist auf dem Vormarsch. Stärker denn je. Er missioniert mit Wucht und Wut, besonders in Afrika."[33]

Abb. 43: In Kairo

Von Kairo aus flog Pater Leppich nach Beirut und weiter nach Bagdad. Der Anblick der Elendsquartiere vor der Stadt grub sich tief in sein Herz und in seine Erinnerung ein. Die Zustände waren für ihn zuvor kaum vorstellbar:

„Noch habe ich die Bilder vor mir, die mir das Herz zusammenziehen. Unter uns knüpft sich Kilometer um Kilometer ein arabisches Elendsquartier an das andere. Um die ganze Stadt herum. Kein Wasser gibt es dort, keine Latrine. Nur Lehmwand an Lehmwand. Grobgeflochtene Strohmatten als eine Art Dach darüber. Kein Baum, kein Strauch dazwischen – eine Wüste überdimensionaler Maulwurfshügel in der sengenden Sonne, die das öde Graugelb der Hüttenlandschaft nur

noch trostloser macht. Durch Rudel halbverhungerter Kinder mit dicken Bäuchen fahre ich mit bitterem Herzen in die engere Stadt zurück.[34]

Nächste Station der Reise war Karatschi in Pakistan, eine der größten Städte der Welt. Dort traf Pater Leppich auf eine in Europa fast unbekannte Krankheit, Lepra. Ihm zeigten sich grauenvolle Bilder. Auf einem Bazar stand er plötzlich überraschend vor einer Holzkiste auf rostigen, verbogenen Eisenrädern:

„Ich erstarre: Was sitzt da drin? Ein Mensch? Ja, ein Mensch. In den Krallen der Lepra: die Füße abgefault bis zu den Knien, die Arme bis zu den Ellenbogen. Nur Stümpfe hat dieses Bündel Mensch, und das Gesicht ist zur Fratze entstellt… Etwa 12 Millionen Leprakranke gibt es auf der Welt… Aber ein geheilter Leprakranker ist nicht gefährlicher als einer, dem die Granaten Hände und Kinn weggerissen haben. Lepra ist auch nicht ansteckender als etwa Tbc… Lepra ist Aussatz, und Aussatz ist furchtbar… Natürlich mag es in der Kurve des Wahnsinns, in der unsere Welt gerade liegt, verpulvertes Geld bedeuten, einigen Millionen Leprösen zu helfen, während man gleichzeitig Milliarden Dollar, Pfund und Rubel investiert, um den besten Trick zu erfinden, mit Atomwaffen gleich hundert Millionen auszuradieren… Mit einer Spritze, die einen Dollar kostet, kann man einen Leprakranken gesund machen!… Ist unsere Seele schon so ausgetrocknet…, daß wir nicht mehr spüren, wie sehr wir Christus schänden? Weil wir Ihn – den Leprakranken – im Mülleimer unserer Lieblosigkeit verfaulen lassen?[35]

Schließlich erreichte Pater Leppich Indien. Es schien die Zentrale des menschlichen Elends zu sein:

„Zum ersten Mal sehe ich hier in Massen, was der sozial blin-
de Europäer auf diesem Subkontinent „exotisch" findet (wenn
er daran überhaupt noch etwas findet): das Rinnsteinproletari-
at Asiens… Auch in Bombay und Kalkutta schlafen sie auf der
Straße. Rund 25 % der Bevölkerung… Familien, Einzelschlä-
fer. Bündel lebendiger Skelette… Wo aber sind… die Früchte
der europäischen Zivilisation zu sehen? Gewiß, der Westen hat
viel hineingesteckt, aber noch mehr herausgeholt. Europa hat
aus dem Kontinentalreichtum das „Penicillin" für seine schwa-
che Rohstofflunge gewonnen! Wir alle haben davon profitiert,
in Deutschland ebenso wie in England, in Frankreich wie in
Österreich, in der Schweiz wie in Holland. Wir haben unse-
ren Lebensstandard auf den Schultern der Kulis, Bodenschläfer
und Dschunkenproleten Asiens aufgestockt. Wenn Europa Asi-
en die Hand zur Hilfe reicht, so ist das durchaus kein Gnaden-
akt, sondern echte Wiedergutmachung… Das vergessen auch
die Gewerkschaftsbosse, die von Weltkonferenz zu Weltkonfe-
renz fliegen, um über Weltprobleme zu diskutieren. Weltprob-
lem Nr. 1 aber heißt: „Solidarität".[36]

Abb. 44: Elendsviertel in Indien

Pater Leppich überkamen beim Anblick des großen namenlosen Elends Gefühle der Wut und der Scham über uns satte Christen:

„Auch der kleinste Durchschnittsbürger ist für den armen Bruder in Asien verantwortlich… Hier müssen wir alle opfern. Jeder einzelne von uns, gleich, ob er am Fließband arbeitet oder im hypermodernen Kommandoturm eines Konzerns… Sie alle tragen Verantwortung: der Staat, die Gewerkschaften, die Kapitalträger. Sie alle wird Gott zur Rechenschaft ziehen. Gott, der zum Anwalt der ärmsten Brüder in Asien werden wird… Uns Christen aber entsteht eine noch größere Verantwortung. Wir sind alle mit dem gleichen Blute Jesu Christi erlöst. Der getaufte Kuli betet „Vater unser" bei einer Handvoll Reis. Und der wohlsaturierte Europäer betet „Vater unser" bei überfüllten Schüsseln. Und hier beginnt die Lüge der Christen, der Verrat an unserem gelben Bruder. Seit wann hat Gott Stiefkinder, der gleiche Gott, der der Vater aller Rassen ist?… Wie können wir christlichen Brüder einer westlichen Welt es uns wohl sein lassen, wenn die gleichen Glieder einer östlichen Welt in Unrat und Elend aufschreien?… Denken Sie daran, daß nicht Asiaten uns in der Ewigkeit anklagen werden, sondern Jesus Christus, der mit seinen Brüdern in den Nächten hungernd und frierend im Rinnstein geschlafen hat."[37]

Pater Leppich war aber auch klar, dass beispielsweise in Indien erst menschenwürdige Zustände geschaffen werden müssen, um dort erfolgreich missionieren zu können:

„Die soziale Frage ist nicht ein Spleen von ein paar Arbeiterpriestern, die gern den Talar mit dem Arbeitsanzug

vertauschen möchten. Unter unserer Kirche liegt soziales Dynamit. Die Entfremdung der Arbeitermassen durch Karl Marx hat uns genug Lehrgeld zahlen lassen. Wir sollten daraus für Asien gelernt haben. Die Bekehrung Indiens kann man nicht mit einem Waggon Bibeln beginnen, sondern – mit einem knorrigen, westfälischen Laienbruder, der den Traktor mitbringt und die Inder aus dem Dreck und Krankheit herausholt. Erst dann werden sie eine Antenne für die Bibel haben. Dieser westfälische Bauernsohn im Ordenskleid ist die lebendige, aufgeschlagene Bibel, die sie verstehen. Und ich verstehe jetzt besser, warum sogar ein Jesuit, der aus der vornehmen Kaste der Brahmanen stammte, nach Europa ging, um erst einmal acht Semester Landwirtschaft zu studieren. Er kam zurück nach Indien, kultivierte das Land und verhalf seinen Landsleuten zu einem menschenwürdigen Leben. Erst dann wagte er es, die Botschaft Jesu Christi zu verkünden. Wir dürfen uns nicht wundern, wenn das die neuralgischen Punkte der Kommunisten trifft. Mehr als einmal haben sie ihm seine Siedlung in Brand gesteckt. Gegen Fronleichnamsprozessionen und liturgische Kongresse haben sie weit weniger einzuwenden als gegen einen Priester, der mit dem Traktor Oasen schafft… Dr. Karl Sonnenschein hat vom Berlin der Elendshinterhöfe gesagt: „Wer die zehn Gebote predigen will, der muß auch dafür sorgen, daß Zustände entstehen, in denen die Leute die zehn Gebote überhaupt erfüllen können. Das gilt genauso für die Slum-Seelsorge in New York oder Chicago…"[38]

Über Bangkok und Hongkong ging es weiter nach Japan.

In Tokio begegnete ihm ebenfalls Massenarmut. Die Elendsquartiere waren grausam anzusehen (Abb. 46).

Los Angeles, Las Vegas, Chicago und New York waren weitere Stationen seiner Weltreise, bevor er nach Frankfurt zurückflog. In Las Vegas wurde er auch mit der Spielsucht reicher Leute konfrontiert:

Abb. 45: In Japan

Abb. 46: Elendsviertel in Tokio

„Ich habe die nervösen Hände am Spieltisch von Las Vegas gesehen und die Brillanten an den Fingern, die das Jahres-

*einkommen einer armen Familie an Wert weit übersteigen.
Wieviel Geld wird in diesen Spielkasinos verspielt, das, weiß
Gott, nicht immer redlich verdient ist. Wieviel Tragik kommt
über eine Familie, die einen Spieler zum Vater oder Sohn
hat… Und was soll man von einem Staat halten, der aus diesen Spielbanken seelenruhig einen beträchtlichen finanziellen
Nutzen zieht?"[39]*

Die Erlebnisse auf dieser Reise waren fast schon traumati-
sierend. Pater Leppich war fest entschlossen, aus dem Ge-
sehenen auch praktische Konsequenzen zu ziehen. Es ist
schon bezeichnend, wenn er gleich zu Beginn seines Buches „Gott zwischen Götzen und Genossen" noch vor dem
Inhaltsverzeichnis mit eigener Hand für die Leserinnen
und Leser quasi als Widmung schrieb:

> *„Meinem gelben Bruder in Asien,
> den wir hungern lassen.
> Meinem schwarzen Bruder in Afrika,
> den wir immer noch schlagen.
> Meinem weissen Bruder in Europa,
> der nicht der Hüter seines Bruders sein will.
> Pater Joh. Leppich SJ"[40]*

1961 und 1964 führten ihn dann Reisen nach Südameri-
ka, wo der Kommunismus – wie er schrieb – bereits wie ein
Vulkan unterirdisch brodelte. Auch traf er dort auf starke
Gegensätze von Arm und Reich:

*„Wie eine Sauna mit ihrem Wechsel von heißen und kal-
ten Güssen, so ähnlich ist in Südamerika der Gegensatz von
Reichtum und Armut, von Luxus und Elend, von Verschwen-
dung und Hunger, von Pracht und Primitivität."[41]*

Auf der Agenda stand dabei auch das größte katholische Land der Erde: Brasilien. Er betrat damit ein Land mit großen Problemen und damit auch einen idealen Nährboden für den Kommunismus.

Einen großen Eindruck hinterließ in Pater Leppich ein Zusammentreffen mit dem Erzbischof von Olinda und Recife, Dom Hélder Câmara, den er sehr verehrte.

Seine Erlebnisse in Südamerika fasste Pater Leppich so zusammen:

„Hier gibt es 180 Millionen Christen – und hier, ausgerechnet hier, sind 50 Prozent der Bevölkerung chronisch unterernährt, hier grassieren TBC, Lepra, Syphilis und Tropenkrankheiten. Hier gibt es zu wenig Ärzte, und Behandlung und Medikamente sind für den Armen unerschwinglich. Das bedeutet Unwissenheit, bedeutet berufliche Verelendung. Hier sind fast 50 Prozent der Bevölkerung Analphabeten, weil es zu wenig Schulen gibt. Also leben Millionen rechtlos und abhängig wie Sklaven. So existieren unwahrscheinlich Reiche und Wohlhabende neben den Gringos, die nichts haben. Alle aber beten dasselbe „Vaterunser"! Man muß es den Christen sagen!… Das Brot, das der Vater gibt, ist nicht reserviert für ein paar Feudalherren, für die Besitzenden und die Intelligenten, die es zu etwas gebracht haben. Wenn es in deren Hände gegeben ist, dann doch nicht, damit sie alles selbst behalten, sondern damit sie teilen, austeilen. Dieses Brot heißt nicht nur Nahrung, sondern auch Bildung, Schulen für die Analphabeten, Eigentum und gerechter Lohn für den Arbeiter, Ende der Kinderarbeit, Ende des maßlosen Egoismus von Christen."[42]

Auch diese beiden Reisen sollten für Pater Leppich nicht ohne Folgen für sein künftiges Handeln bleiben.

Abb. 47: Ausstieg aus dem Flugzeug

Die Armut – sie hinterließ tiefe Spuren im Herzen Leppichs. Zu entsetzlich war das, was er von seinen Reisen an Eindrücken mit nach Hause brachte.

1967 unternahm Pater Leppich in Begleitung von Gerhard Juchem erneut eine Weltreise. Gemeinsam besuchten sie vier Erdteile und legten dabei ca. 100.000 Flugkilometer zurück. Pater Leppich hielt auf dieser Reise 17 große Vorträge und traf sich mit acht Kardinälen und Erzbischöfen, trat in drei Fernseh- und Radioübertragungen auf, hielt 20 Pressekonferenzen und gab über 150 Stunden „Privat-Interviews".

Bei seinen Besuchen in Tokio und Hongkong durfte er zwar die erfreuliche Feststellung mit nach Hause nehmen, dass sich dort seit seiner ersten Weltreise sozial Vieles verbessert hatte, aber andererseits schmerzte ihn die Tatsache, dass dort jährlich 1,5 Millionen ungeborene Kinder in den „Abfalleimern der Frauenärzte" landen, wie er schrieb. Auf den Philippinen stieß er auf eine unvorstellbare materielle Not.[43]

Natürlich konnte er zu dem nicht schweigen, was er auf seinen Reisen erlebt hatte. In München sagte er:

„Meine Weltreise hat mich durch unterentwickelte Länder geführt. Ich kann doch keine schöngeistigen Reden halten, wenn ich sehe, daß die Welt brennt. Dann stehe ich eines Tages vor Gott und der wird rufen: Du hast das alles gesehen und hast geschwiegen, Du Hund!... Auf dem Oktoberfest bringen allein zehn Ärzte die Bierleichen wieder auf die Beine! Aber in Indien gibt es nicht einmal Ärzte genug, um den verhungerten Kindern die Augen zuzudrücken. Da kommt mir das religiö-

se Rülpsen hoch! Da vergeht mir der liebe Heiland! Das kann doch nicht gutgehen, da ist doch was kaputt in dieser wahnsinnigen Welt!"[44]

Die Armut in der Welt wurde für ihn zum zentralen Predigtthema. Mit ganz ruhigem Ton begann er auf bei einer Großveranstaltung zu sprechen:

„Sehen Sie, ich möchte heute Abend sprechen – verzeihen Sie – von der Armut." Mit etwas lauterem Ton sprach er weiter. *„Wissen Sie, meine Damen und Herren, daß auf einem Sechstel der Erde Hungersnot herrscht?"* Und nun schrie er: *„Sie wollen das nicht wissen, und wenn der erste Fernsehempfänger kommt, dann sehen Sie kein Cabaret von New York, sondern die verhungerten Kinder in Indien mit den Wasserköpfen."[45]*

Eindringlich redete er den Menschen ins Gewissen, indem er in die Masse hineinschrie:

„Solange Du helfen kannst, bist Du reich. Merke Dir das!"[46]

Pater Leppich war sich der Sprengkraft des Evangeliums vollkommen bewusst, und dieses Wissen vermittelte er großartig:

„Das Evangelium ist nun einmal kein Schlafpulver, sondern Dynamit."[47]

Nägel in die Gewissen schlagen, die Herzen anritzen, das waren seine erklärten Ziele:

„Wenn Du heute Nacht ruhig schlafen kannst, dann hast Du den Vortrag nicht verstanden."[48]

Bei seinen Veranstaltungen sammelte er Geld und Hilfsgüter für Hilfsprojekte in der ganzen Welt. Es ist heute kaum vorstellbar, mit welcher Bereitschaft die Menschen bei diesen Veranstaltungen Geld und Sachwerte spendeten. Selbst Kinder brachten ihm Spielsachen für notleidende Kinder in der Dritten Welt. Aber seine Zuhörerinnen und Zuhörer bat er von ganzem Herzen:

„Wenn Ihr spendet, dann aber nur gute Sachen, denn der liebe Gott ist keine Mülltonne."[49]

Abb. 48: 1958 in Kaiserslautern

Um möglichst viel Geld und Sachspenden für seine Armen in der Welt zu bekommen, appellierte er an das Gewissen der Leute und ging dabei nicht zimperlich vor. Er wollte „Schein-Werfer" sehen:

„Wir gehen jetzt ganz leise um und sammeln, Scheine machen weniger Krach als Münzen."[50]

Dabei gab er sich keinesfalls mit ein paar Münzen zufrieden:

„Ich habe Angst vor der nächsten Asien-Reise, wo ich die Leprakranken mit ihren verfaulenden Gliedern sehen werde. Deshalb nehme ich keine Almosen, sondern nur Geldscheine. Wenn Frauen siebzig Pfennig für eine Illustrierte übrig haben, begnüge ich mich nicht mit fünfzig Pfennig."[51]

Bei einem seiner Vorträge sagte er:

„Es werden gleich junge Männer herumgehen und sammeln. Wenn Du fünf Pfennig reinwirfst, dann schäm Dich, dann brauch ich Dich nicht, wenn Du reich bist. Wenn Du arm bist, dann komm zu mir, dann gebe ich Dir was."[52]

Die Schwester des umstrittenen Theologen Eugen Drewermann kann bestätigen, wie ihr Bruder Eugen damals von Pater Leppich derart fasziniert war, dass er einen Großteil seines Geldes, das er sich während seiner Ferienarbeiten bei Gleisarbeiten im Bergwerk über Tage verdiente, an Pater Leppich abgab, einmal sogar seine „ganze Lohntüte".[53]

In Ludwigshafen rief Pater Leppich am 07.06.1966 provokant und ohne Hemmungen:

„Gestern abend erhielt ich im Mannheimer Eisstadion 15000 Mark, von Ludwigshafen will ich mehr."[54]

Selten hat ein einzelner Mensch so viel gegen den Hunger auf der Welt getan wie Pater Leppich. Rückblickend sagte er dazu:

„Eines hat mich jedoch mein armes Elternhaus gelehrt: mir immer ein Herz für die Armen in der Welt zu bewahren. Ein na-

türliches Gefühl bestimmte mein Engagement für die Notleidenden… Welche Ironie des Schicksals, daß der, der von Jugend an in Armut und Beschränkung gelebt hat, zum Millionär geworden ist! Allerdings zum Millionär für die Armen. In der Ewigkeit möchte ich mich einmal verantworten können vor den vielen Tausenden meiner Spender. Oft waren es kleine und keineswegs reiche Leute, die es mir ermöglicht haben, das Evangelium gerade an den Armen wahrzumachen, von der Leprakolonie bis zum Kinderdorf, von der Entwicklungshilfe bis zu den Missionsstationen und überall sonst in der Welt, wo trotz Wohlstand und High Life mich ein Mensch um Hilfe bat.*55*

Pater Leppich begann parallel zu seinen Großveranstaltungen ab den 50er Jahren, Bücher zu schreiben, die teilweise in mehrere Sprachen übersetzt und auch auf seinen Veranstaltungen zum Verkauf angeboten wurden.

1954 begann die Buchreihe mit **„3 x Satan"**. In diesem Buch geht es thematisch um den Materialismus, den Sexualismus und den Liberalismus.

Mit dem kleinen Buch von 1955 **„Bete mit – ein Kinderbrevier"** wollte Pater Leppich erreichen, dass sich jedes Kind wenigstens acht Minuten am Tag dem Herrgott widmet. Die Auflage war durchaus beachtlich.

1956 erschien sein Buch **„Christus auf der Reeperbahn".** Gleich am Anfang schrieb Pater Leppich handschriftlich eine Widmung in das Buch, die richtungsweisend für dessen Inhalt ist:

„Dieses Buch gehört nicht den 99 Gerechten. Es gehört dem Hundertsten meiner Brüder. Dem Suchenden und dem Heimgesuchten, dem Irrenden und dem Verfemten. Pater Leppich S.J."

Innerhalb von etwas mehr als drei Jahren hatten die Auflagen allein dieses Buches bereits eine Gesamthöhe von 350.000 Stück erreicht. Es lohnt sich, einen Auszug daraus wiederzugeben. Das Kapitel trägt den Namen „Christus und die Passivisten":

„Aber lange vor dem Bolschewismus hat Christus die Haltung der Passivisten gegeißelt. Sie müssen selbst einmal die Heilige Schrift in die Hand nehmen. Sie ist keine sanfte Erbauungslektüre für den Abend. Wenn Sie darin richtig lesen würden, dann könnten Sie nicht mehr ruhig einschlafen. Haben Sie das gelesen? Sie finden die Stelle bei Markus 11, 11-14. Christus verflucht den unfruchtbaren Feigenbaum, und dieser verdorrt bis in die Wurzeln. So verflucht Christus auch jeden lauen Passivisten, jeden neutralen Halbversager von uns. Und die Worte aus der geheimen Offenbarung stehen wie ein drohendes Gewitter über der Kirche: „O, daß Du doch kalt wärest oder warm! Weil Du aber lau bist, will ich Dich ausspeien aus meinem Munde!"… Herr, Du hast recht, Deinen Fluch über die Versager auszusprechen: Weil wir unsere Talente vergraben haben und weil wegen unserer Bequemlichkeit und Faulheit der Satan Terrain gewinnen konnte. Weil wir vor lauter „Toleranz" unser religiöses Rückgrat verloren haben. Weil wir im Betrieb den Vorwurf fanatisch zu sein gefürchtet haben und nicht den Mut hatten, ein „Narr Jesu Christi" zu sein. Weil wir unser Christentum nur müde vorgelebt und noch keinen Menschen zu Dir geführt haben… Weil wir die Sünden gegen die sozial Entrechteten nicht hinausgeschrieen haben. Weil unser Herz kalt wie ein Kühlschrank ist gegen den notleidenden Bruder."[56]

1958 folgte das bereits erwähnte Buch **„Gott zwischen Götzen und Genossen"**, in dem er die Erlebnisse seiner Weltreise von 1957 schilderte.

Abb. 49: Am 12. Juli 1961 in Mainz

„Die Zeitung – ein Gebetbuch" kam 1962 auf den Markt. Die Idee dazu war eigentlich mehr dem Zufall zu verdanken, geboren aus einer Notsituation heraus:

„Ich halte es für ehrfurchtslos, wenn man sich auf eine Kanzel stellt, ohne vorbereitet zu sein. Wer im Streß des Seelsorgers steht, ohne vorbereitet zu sein, weiß, daß so etwas bisweilen vorkommt. Wieder einmal ein Dom voller Menschen, und ich abgekämpft – und unvorbereitet. Ich sagte es meinen Zuhörern offen und bat um Entschuldigung für eine Notlösung, die mir eingefallen war. Aber diese Notlösung wurde dann zu einer originellen Methode. Zur Überraschung aller Leute zog ich eine bekannte Tageszeitung aus der Tasche und las einige Überschriften daraus vor, von der Erdbebenkatastrophe bis

zum Straßenunglück. Und dann konfrontierte ich das Gelese-
ne mit einer Meditation und einem Gebet. Ich weiß, daß die
Menschen im Dom gespannt zugehört und mitgebetet haben.
Anschließend wurde noch lange über diese neue Art des Gebets
diskutiert. Seither wissen viele, daß die Zeitung ein Gebet-
buch sein kann. Man muß sie nur im richtigen Geist lesen.“[57]

1963 brachte Pater Leppich die **„Meditationen auf dem
Asphalt“** heraus.

Es folgte ein Jahr später **„In grüner Hölle – Ein brasilianisches Vaterunser“**, das schon Erwähnung fand.

Das **„Atheistenbrevier“** feierte 1964 Premiere. Allein der
reißerische Titel erweckt bereits Neugierde. Was er beispielsweise über die revolutionären Auswirkungen der
Bergpredigt schrieb, ist auch heute unvermindert lesens-
wert. Für Pater Leppich war die Bergpredigt das größte Re-
volutionsprogramm aller Zeiten.

„Mit ihr beginnt der gewaltigste Umbruch, eine heilige Re-
volution, weil sie von Gott kommt und nicht von Menschen-
hirnen ausgedacht wurde… Schon die Apostel haben als be-
geisterte Stürmer die Worte der Bergpredigt wie eine gewaltige
Mobilmachung durch das römische Weltreich getragen… Lei-
der wurden die revolutionärsten Forderungen der Weltge-
schichte vielfach harmlosen Bibelkränzchen überlassen und
mit dem öligen Pathos sanfter Losungsworte eines Jungfrau-
enzirkels präpariert. Auch wir glauben nicht an eine Bergpre-
digt, die uns wie eine Limonadenreligion serviert wird. Sie ist
etwas anderes als eine schwärmerische Geschichte von Lilien
und Vögeln auf dem Felde – mit der Auslegung, daß sich der
Mensch um überhaupt nichts auf der Welt kümmern soll…

Fromme Faulheit ist hier wahrlich nicht gemeint, sondern der Totaleinsatz für das Reich Gottes – für den Schöpfer, der uns ins Leben gerufen hat, damit wir ihm dienen… Die Bibel – und vor allem die Bergpredigt – ist mehr: Sie ist Feuer vom Himmel. Sie ist mit Glut und Blut geschrieben."[58]

Ein Buch der ganz besonderen Art erschien 1977 mit dem Titel **„Amulett bis Zölibat", Phrasen – Klischees – Argumente**. Herausgeberin war die „Aktion Pater Leppich" in Darmstadt.

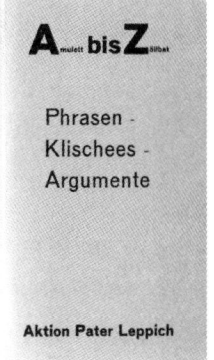

Das Buch ist lexikonartig nach Schlagworten aufgebaut. Es werden jeweils die gängigen gesellschaftlichen Klischees und Argumente genannt und die Gegenargumente, die Katholiken dagegen anführen können. Es ist damit ein Buch für den „religiösen Nahkampf", wie Pater Leppich es ausdrückte. Christen sollten damit in die Lage versetzt werden, ihren Glauben auch verbal zu verteidigen. Ein solches Buch wäre in unserer Zeit mehr denn je nötig, wenngleich das Werk von Pater Leppich für heutige Erfordernisse sicherlich vertieft und auch erweitert werden müsste.

Abb. 50: Amulett bis Zölibat

Pater Leppich brachte aber nicht nur zahlreiche Bücher auf den Markt, sondern auch Schallplatten.

Passend zu seinen Ausführungen im „Atheistenbrevier" erschien eine Langspielplatte mit dem Titel **„Revolution der Bergpredigt"**. Eigens für 14- bis 17-jährige Mädchen brachte er zu den Themen Sex-Appeal, Freundschaft,

Flirt, Amüsement die Langspielplatte **„Ist das Liebe?"** heraus und für Frauen in Ehe und Beruf kam die Langspielplatte **„Gleichberechtigung unter dem Schleier"** auf den Markt. Adressiert an die jungen Männer wurde **„Money – Motor – Mädchen"** produziert und sogar für Kinder gab es eine Schallplatte mit dem Titel **„In 79 Tagen um die Welt"**, auf der Pater Leppich auf kindgerechte Art und Weise über seine Weltreise sprach.

Alle Bücher und Schallplatten sind im Internet gebraucht auch heute noch erhältlich.

Nach einer Großveranstaltung war Pater Leppich völlig erschöpft. Die Strapazen gingen auch an ihm nicht spurlos vorüber:

„Nach einer Straßenpredigt war ich fertig wie ein Hund. Vielleicht war es der Eros der Menschen, der mir Kraft gegeben hat durchzuhalten – oder der Eifer Gottes. Ich weiß es nicht."[59]

Es ist schwer, die Erfolgswirkung seiner Auftritte messbar zu machen. Wie viele Menschen konnte er dadurch wirklich zu einem veränderten und besseren Leben anspornen? Auch er selbst wagte hier keine Einschätzung in Zahlen:

„Ich habe keinen Geigerzähler und kein Röntgenauge für Seelen. Wenn ich nur erreiche, daß ein paar Menschen an diesem Abend wieder beten, wenn ich erreiche, daß einer neu beginnen möchte in seiner Familie, daß ein anderer zu Hause die Heilige Schrift aufschlägt und darin ein paar Sätze liest, dann bin ich zufrieden."[60]

Interessant erscheinen in diesem Zusammenhang seine Gedanken darüber, was die Kirche und ihre Priester tun könnten, um Predigten wieder attraktiver und anziehender zu gestalten. Diese Überlegungen müssen keineswegs in ihrer Gänze zutreffend sein, aber einem Teil davon kann möglicherweise die Zustimmung nicht ganz versagt werden:

„Allerdings kann ich mich des Eindrucks nicht erwehren, daß die Franz-Josef-Strauß-Typen nicht nur in der Politik aussterben, sondern auch in der Kirche. In meiner Jugend habe ich es nie erlebt, daß ein Pfarrer die Predigt abgelesen hätte… Unlebendig wirkt auf mich auch, daß heutige Theologen offenbar vergessen, den Menschen auf seiner emotionellen Ebene zu packen. Die Predigten sind „verkopft“ und gleichen eher Flickerl-Teppichen von Bibelzitaten. Junge Leute zum Beispiel wollen weder religiöse Schönfärberei noch Defaitismus. Reine Rhetorik und exegetische Wühlarbeit sind für sie uninteressant. Sie fragen vielmehr: Glaubt der Mann da vorn am Altar wirklich, was er sagt? Wenn sie das spüren, dann sind sie auch von einem schlichten Dorfpfarrer fasziniert.“[61]

11 Action 365

Pater Leppich hatte zwar mit seinen Kundgebungen enormen Zulauf und große Erfolge, aber er spürte im Laufe der Zeit, dass es an der Nachhaltigkeit mangelte. Zu rasch verpuffte die Wirkung seiner Reden bei vielen Zuhörerinnen und Zuhörern. Andererseits gab es durchaus Menschen, die daran interessiert waren, seine Worte in ihr eigenes Leben umzusetzen. Es wurde Pater Leppich immer stärker bewusst, dass es nicht allein bei seinen abendlichen Auftritten bleiben durfte:

„Auf einen solchen Abend folgte am nächsten Tag immer ein kleiner „metaphysischer Kater", wenn sich nichts Konkretes und Kontinuierliches als Nacharbeit zeigte. Ich möchte dabei das Massenapostolat keineswegs herunterspielen. Schließlich bekam ich Waschkörbe voll Post, aus denen ich ein echtes persönliches Echo verspürt habe. Und ich versuchte stets, die Briefe einer Prostituierten oder eines Gefängnisbruders ernst zu nehmen… Etwa nach den ersten fünf Jahren meiner Rednertätigkeit kam mir der Gedanke, eine Anzahl von Menschen anzusprechen, mit denen ich in ständigem Kontakt bleiben konnte. Sie sollten sich bereit erklären, regelmäßige Nacharbeit zu leisten…"[1]

Bereits 1954 begann er deshalb, bei seinen Auftritten Interessierte anzusprechen und zwar mit immer größer werdendem Echo. Zunächst waren es nur Einzelpersonen, Männer und Frauen, vom Bundestag angefangen bis zu den kleinsten Dienstleistungsbetrieben.[2]

Als erstes führte er ein „Briefnoviziat" ein. Insgesamt handelte es sich um 18 Rundbriefe, von denen er jeweils einen alle zwei Monate an seine „Nacharbeiterinnen und Nacharbeiter" verschickte. Insgesamt waren diese Briefe damit auf drei Jahre angelegt. Wer glaubt, dass Pater Leppich den Leserinnen und Lesern damit ein „barrierefreies" Angebot unterbreiten wollte, irrt. Beim Lesen eines solchen Rundbriefes erkennt man rasch, dass da ohne Zweifel etwas verlangt wurde. In diesem Fernkurs war kein Platz für halbherzige Menschen:

„Die Forderungen dieser Briefe gehen nicht an Menschen, die religiöse Tagelöhner oder Supertypen sind, sondern an normale Christen, die allerdings die Bergpredigt ernst nehmen wollen. Und dazu haben Sie sich doch entschlossen. Sie dürfen also jetzt nicht ausweichen. Gott wird einmal von Ihnen darüber Rechenschaft fordern."[3]

Pater Leppich wusste schon vor der Stärkung des Laienapostolats durch das 2. Vatikanische Konzil um dessen Bedeutung. So gehöre der Laie an die Front, der als Fachmann in Beruf, Öffentlichkeit und Familie christliches Zeugnis gäbe. Er vertrete nicht nur die Kirche, er sei Kirche.[4] Daneben verdeutlichte er den Teilnehmerinnen und Teilnehmern des Briefnoviziats:

„Auch wenn wir genug Priester hätten: Immer gibt es Aufgaben in dieser „todgeweihten Welt", die Gott nur Ihnen, den „Laien", zugedacht hat. Jeder von Ihnen hat eine Berufung, eine Sendung, die ihm kein Priester abnehmen kann… Gott greift immer wieder Menschen aus der Masse heraus und gibt ihnen besondere Aufgaben. Der eine muß „reden", der andere „schreiben", der dritte „handelnd" eingreifen, der vierte „leiden" (vielleicht das Entscheidendste!) usw."[4]

Das Briefnoviziat wurde von vielen tausend Menschen bestellt und enthielt konkrete Aufgaben und Anregungen. Die Briefe sollten das geistige und praktische Rüstzeug zu einem christlichen Einsatz in der Welt geben. Manch einer mag sich gefragt haben, ob er den hohen Ansprüchen des Briefnoviziats überhaupt gerecht werden kann, aber Pater Leppich sprach allen schon im ersten Brief großen Mut zu:

„Sie fragen ängstlich: Kann ich das schaffen? Wie werde ich mich durchsetzen in meinem heidnischen Milieu? Als Christen wissen wir: Gott und ich sind immer in der Mehrheit. Wir haben keinen Grund zu Minderwertigkeitsgefühlen oder gar zur Mutlosigkeit. Wir haben alle das Sakrament der hl. Firmung empfangen. Sie ist keine harmlose Schulentlassungszeremonie, sondern das Sakrament der Fülle des Heiligen Geistes, das zwölf einfache Fischer befähigte, der Welt ein neues Antlitz zu geben.“[5]

Pater Leppich stellte für die eigene religiöse Vertiefung im Briefnoviziat drei Grundforderungen auf, von denen er nicht um Haaresbreite abwich. Da war zum einen die tägliche Schriftlesung. Für ihn war das Neue Testament der Kompass und der Generalstabsplan für die Ewigkeit. Die tägliche Schriftlesung sei mehr als eine religiöse Vitaminspritze und man werde darin immer eine Antwort finden, denn hier würde Gott sprechen, schrieb er. Jeder Tag solle durch die hl. Schrift konsekriert werden. Die zweite Grundforderung war die der Selbstkontrolle: Eine kurze Gewissenserforschung am Abend – es gäbe keinen echt religiösen Menschen, der nicht eine solche Gewissenserforschung in sein Tagwerk einbaue. Zum anderen musste jeder Teilnehmer sogar schriftlich über seine Erfolge und

Misserfolge Rechenschaft ablegen. Die dritte Grundforderung war die Teilnahme an Exerzitien.

Zwei, die das Briefnoviziat zur christlichen Lebensgestaltung absolviert haben, sind Irmgard und Werner Hengge, die heute in Augsburg leben. Irmgard Hengge erzählt mit einem Schmunzeln, wie es dazu kam:

„Erstmals habe ich Pater Leppich während einer Massenveranstaltung in Stuttgart erlebt. Nach dem Vortrag konnte man sich in Listen eintragen, wenn man mit ihm weiterhin in Kontakt bleiben wollte. Mein heutiger Mann und ich waren damals noch nicht verheiratet, aber wir haben uns in die Listen eingetragen und dann beide getrennt das Briefnoviziat durchlaufen… Wir mussten jeweils einzeln an die Frankfurter Zentrale Bericht erstatten, was wir aufgrund des Briefnoviziats unternommen und in unserem Leben verändert hatten. Pater Leppich hat mir daraufhin selbst geantwortet. Es entwickelte sich ein dauerhafter Briefkontakt.

Abb. 51: Irmgard und Werner Hengge, Augsburg

Das erste persönliche Zusammentreffen kam für mich vollkommen überraschend zustande. Ich bin ausgebildete Lehrerin und musste damals aber nach zwei Jahren meinen Beruf aufgeben, weil ich Kinderlähmung (Polio) bekam. Dies zwang mich, wieder zu meinen Eltern nach Stuttgart zu ziehen. Zwar war ich zu diesem Zeitpunkt noch nicht verheiratet, aber mein späterer Mann… hat mich immer zum Arzt gefahren. Pater Leppich war öfters in Stuttgart und eines Tages stand er unangekündigt einfach vor der Türe und hat mich besucht. Später hat er mir mal gesagt, dass ich bei seinem Besuch so schlecht ausgesehen hätte, dass er gedacht habe, ich würde sterben. Ich war zu diesem Zeitpunkt etwa 22 Jahre alt. Es war schon ein seltsames Gefühl, dass ein so bekannter Mann, der einem nur aus der Distanz bekannt war, nun überraschend vor der Tür stand und eine kranke junge Frau besuchte. Aber eines wurde dabei für beide deutlich: Die Chemie zwischen uns schien zu stimmen. Zwar konnte ich mich in der Folgezeit von der Kinderlähmung wieder halbwegs erholen, aber an den Spätfolgen dieser Krankheit leide ich heute noch."[6]

Hatte Pater Leppich anfangs gar nicht mehr geplant, reifte in ihm nach einer gewissen Zeit der Gedanke, die Einzelpersonen seiner Aktion nach dem Motto „Wehe dem, der allein steht"[4] zu Gruppen zusammenzufassen. Einer allein würde oft mutlos werden und ein Zwirnfaden könne zerrissen werden, hundert Fäden zusammen würden aber ein Seil bilden, mit dem man einen Ozeandampfer wegziehen könne.

Die Organisation der Gruppen erfolgte streng nach dem Zellenprinzip. Im Herbst 1958 konnten die ersten „Kernteams" gebildet werden, die später nur noch „Teams" genannt wurden. Seine Teams wollte Leppich als religiöse

Elitegruppen verstanden wissen. Damit meinte er zum ersten eine Gebetsgemeinschaft:

„Wenn man meint, für ein geistliches Leben des einzelnen und der Gemeinschaft keine Zeit zu haben, hilft die beste Planung nichts mehr. Es mag alles organisatorisch, psychologisch und rhetorisch noch so gut vorbereitet und durchgeführt sein – ohne den Atem des Gebetes bleibt es „aufgeregter Betrieb ohne Erfolg und Frucht."[7]

Zum zweiten sollten seine Teams eine Schulungsgemeinschaft sein. Wer die Begründung hierzu liest, kann dieser erst recht nicht für die heutige Zeit die Zustimmung versagen, zumal die religiöse Bildung oft kaum mehr ausreicht, das Vaterunser fehlerfrei zu beten. Leppich schreibt hierzu:

„Religiöse Analphabeten, die auf jedes Schlagwort hereinfallen, können weder eine Botschaft verkünden, noch verteidigen. Man kann nicht bekennen, was man nicht kennt. Man kann nicht für etwas zeugen, von dem man nicht überzeugt ist. Jeder Facharbeiter braucht sein Lehre, jeder Arzt, jeder Jurist sein Studium. Für die apostolische Arbeit bedeutet das: das religiöse Wissen erweitern und vertiefen, zum anderen aber auch: als Menschen, die vom Geist Christi geformt sind, sehen lernen, urteilen lernen, handeln lernen, Spezialwissen für Sonderaufgaben erwerben."[8]

Zum dritten sollten seine Teams eine Aktionsgemeinschaft bilden, da ein Glaube ohne Werke unfruchtbar sei und nicht den Forderungen der Bergpredigt entspräche.

Um für die Gruppe auch den Charakter einer Familiengemeinschaft zu gewährleisten und um die Wirksamkeit der Gruppe zu erhalten, wurden die Mitgliederzahl der Teams jeweils auf 8–12 Personen beschränkt. An eine Vereinsgründung dachte Pater Leppich damals noch nicht.

Das Experiment gelang, Ende 1958 gab es bereits 200 Teams. Sie schossen wie Pilze aus dem Boden. Bis 1962 waren es rund 60.000 Menschen, die seit seiner Einführung am Briefnoviziat teilnahmen.[7] Ende 1962 existierten bereits 1.000 Teams, die in über 300 Städten in Deutschland, Holland, Österreich, Belgien und in der Schweiz tätig waren. Die Teams trafen sich einmal im Monat und mussten auch einen monatlichen Rechenschaftsbericht an Pater Leppich senden.

1962 entstand der Wunsch, dem Ganzen noch eine bessere organisatorische Form zu geben. Es entstand die „action 365". Die Bezeichnung „action 365" beinhaltet das Wort „Aktion", also Handlung, ganz nach dem Motto von Pater Leppich „Redet nicht nur, tut doch etwas!". Die Zahl 365 bedeutet das tägliche Hören auf Gottes Wort, also an 365 Tagen im Jahr. Kurz vor Weihnachten 1962 erfolgte die Eintragung ins Vereinsregister des Amtsgerichts Frankfurt. Als Laie 365 mal im Jahr aktiv etwas für seinen Glauben tun zu müssen, das war schon eine echte Herausforderung:

„Schließlich ist es leicht, eine einmalige, humanistisch angehauchte Nikolaus-Aktion zu starten. Es ist aber schwer, über Jahre hindurch „Dreckarbeit" für das Reich Gottes zu leisten. Und das 365 mal im Jahr, also täglich."[8]

Auf seinen Auslandsreisen gründete Pater Leppich ebenfalls Teams, so in außereuropäischen Staaten wie etwa in den USA, Kanada und in einigen südamerikanischen Ländern. Für die Korrespondenz mit den ausländischen Teams wurde ein „Internationales Büro" in Darmstadt eingerichtet. Allein auf seiner zweiten Weltreise initiierte er 35 neue Teams in Nordamerika, Australien, Tokio, Hongkong und Teheran.

Was seine Vorstellung von einer Aktionsgemeinschaft anbelangt, war diese dadurch geprägt, dass seine Teams aus Tatchristen bestehen sollten, die jeden Tag die Bergpredigt ganz bewusst in ihr Leben integrieren. Da war zunächst an den Einsatz für Notleidende und die Randgruppen zu denken. Letztendlich basierte das Handeln für den Nächsten auf den sieben leiblichen und sieben geistigen Werken der Barmherzigkeit (vgl. (Mt 25,34–46; Tob 1,17–20):

- die Hungrigen speisen,
- die Durstigen tränken,
- die Nackten bekleiden,
- die Fremden beherbergen,
- die Gefangenen erlösen,
- die Kranken besuchen,
- die Toten begraben,

- Unwissende lehren
- Zweifelnde beraten
- Trauernde trösten
- Sünder zurechtweisen
- Beleidigern gern verzeihen
- Lästige geduldig ertragen
- für Lebende und Verstorbene beten

So wie Simon von Cyrene Jesus half, sein Kreuz zu tragen (vgl. Mt 27,32), sollten auch die Mitglieder der Teams durch ein mit den Werken der Barmherzigkeit praktiziertes Christentum anderen helfen, ihr schweres Kreuz zu tragen, allerdings freiwillig. Die Frauen und Männer sollten darüber hinaus draußen vor Ort die Saat der Botschaft Jesu Christi und seiner Kirche in den oft steinigen Ackern der Welt ausbringen. Leppich schrieb:

„Christus wird Sie persönlich beim letzten Gericht nach den leiblichen und geistigen Werken der Barmherzigkeit fragen. Und dann wird das Urteil folgen mit den Worten: „Was ihr dem geringsten meiner Brüder getan habt, das habt ihr mir getan." Und „was ihr dem geringsten meiner Brüder nicht getan habt, das habt ihr mir nicht getan." Denken wir immer daran: Einer ist immer noch ärmer als du! Und dieser ist Christus, – dein Bruder!"[10]

Das Ehepaar Gerhild und Prof. Dr. Horst Teltschik, das heute in Rottach-Egern lebt, wollte die Ideen der „action 365" im persönlichen Leben umsetzen. Prof. Dr. Teltschik war später viele Jahre einer der engsten außenpolitischen Berater von Bundeskanzler Dr. Helmut Kohl und er war maßgeblich an der deutschen Wiedervereinigung beteiligt. Das Ehepaar erlebte Pater Leppich bei einer Großveranstaltung:

Gerhild Teltschik: *„1967 waren wir gerade frisch verheiratet und wohnten damals in Spandau. Nachdem ich selbst streng evangelisch war und zum Katholizismus konvertierte, haben wir das Thema Religion oft diskutiert. Als Pater Leppich einen seiner Massenauftritte in Spandau hatte, gingen mein Mann und ich zu der Veranstaltung. Ich kann nur sagen, dass er uns begeisterte und mitriss. Er konnte die Leute so für sich gewinnen, dass man einfach sagte: „Da mache ich mit!"*

Prof. Dr. Teltschik: „*Was die Massenauftritte von Pater Leppich anbelangt, konnte er Menschen mit seinen Predigten in den Bann ziehen. Er hat Lebensmut und Selbstvertrauen vermittelt, den Menschen aufs Maul geschaut, ihre Sprache gesprochen und ich würde ihn durchaus als „Menschenfänger" bezeichnen. Wer ihn gehört hat, ging frohgemut wieder nach Hause.*"[11]

Abb. 52: Gerhild und Prof. Dr. Horst Teltschik

Das Ehepaar entschloss sich, aktiv in der „action 365" tätig zu werden. Hierzu Prof. Dr. Teltschik:

„*Wir haben in Spandau selbst eine Gruppe in der „action 365" gegründet. Nachdem wir eine große Wohnung hatten, fanden die Treffen meist bei uns statt. Die Gruppe mit 10-12 Personen war bunt zusammengesetzt. Ich erinnere mich, dass z.B. eine Studienrätin und ein Gärtner dabei waren.*"[12]

In der „action 365" gab es ein riesiges Betätigungsfeld mit Einzelbausteinen. Da war zunächst das älteste und liebste

Kind, der **Krankenbruderdienst**. Betreut wurden in erster Linie Schwerst- und Unheilbarkranke. Dabei lag ein besonderes Augenmerk darauf, jüngere Kranke, die verzweifelt waren, anzusprechen. Es ging dabei weniger um materielle Hilfen, sondern mehr um den mentalen Beistand. „Diese Kranken sind unser „religiöser Atommeiler", sagte Pater Leppich. In unserer heutigen Zeit könnte man darunter vielleicht im weitesten Sinne auch die Versorgung der vielen Einsamen in unserer Gesellschaft verstehen.

Der **Waisenbruderdienst** übernahm Einzelpatenschaften über Kinder im Waisenhaus, die von niemandem besucht oder beschenkt wurden. Dieser Dienst trug sogar die Patenschaft für das „Goldene Kinderdorf" in Seckach im Odenwald. In den damals zwölf Häusern des „Goldenen Kinderdorfes" fanden sich Mütter aus den Teams, die es sich zur Aufgabe machten, einer Kinderfamilie eine gewisse Nestwärme und ein Familienglück zu ermöglichen.

Abb. 53: Pater Leppich im Juli 1958 im „Goldenen Kinderdorf" in Seckach (Odenwald)

Eines Tages kam Pater Leppich wegen des Kinderdorfes auf Irmgard Hengge zu:

Abb. 54: Pater Leppich mit Irmgard Hengge in Seckach

„Pater Leppich hat immer wieder vom Goldenen Kinderdorf in Seckach im Odenwald gesprochen. Eines Tages fragte er mich, ob ich zusammen mit anderen jungen Frauen und ihm nach Seckach fahren würde. Und so fuhren wir dann mit dem Zug zum Goldenen Kinderdorf. Er wollte natürlich auch Frauen dafür gewinnen, hier für verwaiste Kinder Mutterersatz zu sein. Das Dorf besteht aus einzelnen kleinen Häusern, in denen jeweils mehrere Kinder mit einer Ersatzmutter zusammenleben. Ich konnte mich dazu aber nicht durchringen. Pater Leppich hat mir das dann auch nicht übel genommen und gesagt: „Naja, bist ja wenigstens in der Pädagogik!"[43]

Der **Gefangenenbruderdienst** erforderte ein ganz besonderes Charisma. Mit über 60 Gefängnispfarrern standen die Teams in Verbindung. Für den Dienst in Gefängnissen waren nur wenige geeignet, denn er verlangte auch eine enorme psychische Stabilität. Heinrich Heinzl aus Darmstadt (Jahrgang 1940) ist einer, der sich an die Einsätze in diesem Bruderdienst erinnert:

„Im Gefangenenbruderdienst suchten wir uns jeweils einen Ge-fangenen in einem Gefängnis heraus, den wir schon während seiner Inhaftierung betreuten. Uns war vor allem daran gele-gen, ihn wieder zu resozialisieren, was manchmal ein steiniger Weg war, denn es gab auch welche, die rückfällig wurden. Wir versuchten, für die Gefangenen vor ihrer Entlassung eine Woh-nung und eine Arbeitsstelle zu suchen. Auch halfen wir noch ein Stück des Weges nach der Entlassung zu gehen, bis sie wieder auf „eigenen Füßen" stehen konnten. Zuweilen war es mit ein-zelnen Gefangenen aber auch ein mühsames und undankbares „Geschäft", das soll nicht verschwiegen werden."[14]

Auch Prof. Dr. Horst Teltschik war in einem Gefängnis eh-renamtlich eingesetzt:

„Ich selbst habe mich in den Gefangenenbruderdienst ein-gebracht und zwar im Zuchthaus Tegel, wie es damals noch hieß. Es war seinerzeit die größte Strafgefangenenanstalt in Deutschland. Jede Woche habe ich dort zwei Gruppen mit je-weils 10-12 Strafgefangenen betreut und zwar 90 Minuten. Es waren z.B. Jugendstraftäter darunter. Die Strafmaße be-trugen 10 Jahre bis lebenslänglich. Ein Teilnehmer war in der Gruppe, der in einem der spektakulärsten Indizienprozesse Berlins zu einer lebenslänglichen Haftstrafe verurteilt worden war. Es war ein hochintelligenter Bursche, aber er soll seinen Vater und dessen Geliebte durch Einleitung von Giftgas in das Schlafzimmer umgebracht haben. Er kam immer in meine Gruppe, aber versuchte mich jedes Mal zu provozieren. Nach-dem ich aber zwei Jahre bei der Bundeswehr war, wusste ich, wie ich mit renitenten Personen umzugehen hatte. Mit den Gruppen hatte ich schlicht und ergreifend politische Bildungs-arbeit gemacht, nachdem ich Politikwissenschaft studierte.

Die Zeit im Zuchthaus war für mich sehr erfahrungsreich. Wenn ich nach drei Stunden nach Hause kam, war ich ziemlich erschöpft. Die ersten 15 bis 20 Minuten kam ich meist gar nicht zu meinen eigentlichen Themen, sondern den Strafgefangenen lagen die eigenen Probleme am Herzen, über die sie sprechen wollten. Das konnten Schwierigkeiten mit Wärtern sein oder sie betrafen ganz einfach deren eigenes Leben. Ich war mehr Seelentröster der Strafgefangenen als Bildungsreferent. Damals gab es auch noch keine Berufsausbildung im Gefängnis, was die Resozialisierung der Gefangenen natürlich erschwerte. Ich hatte da einen jungen Burschen, der eine 10jährige Jugendstrafe absitzen musste, da er seinen Vater erschlagen hatte. Ich habe damals versucht, für diesen jungen Menschen bei der Anstaltsleitung noch eine Berufsausbildung durchzusetzen, was seinerzeit aber alles andere als einfach war."15

Der **Priesterbruderdienst** unterstütze arme Priester in Italien mit Geldzuwendungen. Der **Ausländerbruderdienst** kümmerte sich um Gastarbeiter, wie sie damals hießen, aus Italien, Spanien, Griechenland und anderen Staaten. Es ging dabei vor allem um Gastfreundschaft und persönliche Beratung. Der **Krankentag** war schon in vielen Pfarreien eingeführt, aber die „Teams" sorgten dafür, dass nicht mobile Kranke mit einem Auto zu den Krankengottesdiensten gefahren wurden. Der **Christophorusdienst** war ein Bereitschaftsdienst für Autofahrer, Kranke oder Blinde regelmäßig zur Kirche oder im Notfall einen Priester zu einem Kranken zu fahren. Mit den **Bruderrenten** konnten arme Menschen mit einer kleinen Zusatzrente unterstützt werden. Die **Theologenrente** ermöglichte es, bei der Finanzierung des Theologiestudiums zu helfen. Die **Studen-**

tenrente sollte hilfsbedürftige Studenten unterstützen. Mit **SOS-Paketen** konnten Menschen in Ost und West mit Lebensmitteln in Notsituationen versorgt werden.

Sehr eindrucksvoll war auch die **„medizinische Luftbrücke"**, die u.a. Medikamente in Apotheken sammelte, um sie in Entwicklungsländer zu fliegen, damit dort die medizinische Versorgung verbessert werden konnte.

Abb.55: Station für Arme mit Medikamenten der „action 365"

1964 mündete diese Luftbrücke schließlich in die „action medeor". Medeor ist mittlerweile das größte Medikamentenhilfswerk in Europa. Das Hilfswerk wurde von Dr. Ernst Boekels in Vorst gegründet. Eines Tages kam Pater Leppich zu Ohren, was da in Vorst los war. Er reiste persönlich dort hin, sah sich die Sache an und zögerte keinen Augenblick, den Einsatz seiner in der „action 365" zusammengeschlossenen Helferscharen für die Vorster Initiative zuzusichern.[16]

Abb. 56: Betrieb bei der action medeor

Das **Presse-Apostolat** verdient ebenfalls Erwähnung, weil es in unserer heutigen Zeit sogar noch mehr gefragt wäre. Hierbei ging es um die Verbreitung christlicher Zeitungen, aber beispielsweise auch um das Verfassen von Leserbriefen in Zeitungen und Zeitschriften, in denen unser Glaube und die Kirche ungerechtfertigt angegriffen und verächtlich gemacht wurden. Pater Leppich erkannte natürlich die Chancen, die sich auch für die Kirche durch die Medienlandschaft ergaben. Aber noch mehr nahm er die Risiken wahr, die damit verbunden waren. Es ist schon wahr: keine Kirche steht so im Kreuzfeier der Kritik wie die katholische Kirche. Das gilt bis heute! Und dies hängt nicht nur mit den Missbrauchsskandalen zusammen, sondern das war auch schon so vor deren Bekanntwerden. Nun ist dabei sicherlich auch berechtigte Kritik darunter, aber es wird daneben vieles unwahr und übertrieben dargestellt. Schlimm ist dabei auch, dass weite Teile der Bevölkerung fast alles glauben, was in den Medien berichtet wird, ohne die Berichterstattungen kritisch zu hinterfragen. Pater Leppich hatte diese Thematik schon sehr früh aufgegriffen und darüber gepredigt, aber er musste 1974 fast schon resignierend feststellen:

„Es schien utopisch, als ich vor zwanzig Jahren sagte: „Wir haben um gute Priester gebetet. Wir haben gute Theologie gemacht. Aber wir haben vergessen, dafür zu sorgen, daß wir auch gute Reporter, verantwortungsbewusste Regisseure, vertrauenswürdige Moderatoren bekommen." Heute erkennen wir diese Versäumnisse endlich. Aber es ist zu spät zum Jammern, denn im Zeitalter der Massenmedien ist vielen längst das entscheidende religiöse Chromosom abhanden gekommen."[17]

Das **Nichtkatholiken-Apostolat** sollte den Kontakt mit Menschen herstellen und diejenigen unterweisen, die noch nicht in Berührung mit dem katholischen Glauben gekommen waren. Schließlich war da noch das **Zeitschriften-Apostolat**, das zum Ziel hatte, überall dort, wo Menschen warten und Langeweile haben (z.B. Wartezimmer in Arztpraxen), katholisches Schriftgut auszulegen. Der **Toten-Bruderdienst** verpflichtete zum Besuch von hl. Messen und zu Friedhofsbesuchen für die Verstorbenen. In diesem Zusammenhang ist auch die **Gräberpatenschaft** zu sehen, die zum Ziel hatte, sich einerseits um vergessene Gräber zu kümmern, andererseits andere zum Gebet für die Verstorbenen zu ermuntern.

Nicht zuletzt ist die **Film- und Plakataktion** zu nennen, um Menschen für Themen religiös sensibel zu machen:

Abb. 57: Plakat der „action 365"

Pater Leppich regte in Deutschland die Einführung der **Telefonseelsorge** an. Die Teams sorgten dafür, dass die Num-
mer der Telefonseelsorge in öffentlichen Telefonzellen angebracht wurde:

„Ich hörte bei einer Amerikareise von einer solchen Seelsorge über Telefon und habe sie dann in abgeänderter Form in Deutschland eingeführt und zunächst auch selbst praktiziert. Den Anstoß dazu gab ein junger verbitterter Mensch, der mich bei einer Kundgebung auf dem Nürnberger Markt ansprach, als ich gerade auf den Übertragungswagen steigen wollte. Er redete von Selbstmord und fragte verzweifelt: „Gibt es denn keinen Menschen, der einem zuhört?"[18]

Die Verbreitung der **„SOS-Plakette"** an vielen Autos ging zu dieser Zeit auf die Teams zurück:

Abb. 58: SOS-Plakate an der Heckscheibe

„Wenn ich nur einem meiner Bekannten durch dieses Zeichen am Auto geholfen habe, daß er im Sterbefall durch einen Priester für die Ewigkeit vorbereitet wurde, dann war mein Leben wert, daß ich es gelebt habe."[19]

Ebenso sorgten die Teams dafür, dass Bibeln in Hotelzimmern ausgelegt wurden. Zugleich erfuhr die Idee von Pater

Leppich eine Umsetzung, an den Ortseingängen mit Schildern über die Gottesdienstzeiten zu informieren.

Abb. 59: Schild am Ortseingang mit den Gottesdienstzeiten

Wie sehr ihm seine Teams am Herzen lagen, zeigt eine halb ernste, halb humorvolle Bemerkung:

„Meine Teams, hoffentlich werden's keine Bierclubs. Dann komm ich aus dem Grab hoch und mach die fertig.“[20]

Für die Regionen gab es sog. Regionalpriester, die die Teams betreuten. Einer von ihnen war Pater Eberhard von Gemmingen SJ, der von 1982 bis 2009 Leiter der deutschsprachigen Redaktion von Radio Vatikan war und seine erste hauptamtliche Stelle seinerzeit bei der „action 365“ fand. Er lebt heute in München. Seine Erinnerungen vermitteln einen kleinen Einblick in die Arbeit, die von der Zentrale in Frankfurt aus koordiniert wurde:

„Die meisten meiner Altersgenossen im Jesuitenorden hatten schon im 2., 3. oder 4. Jahr des Theologiestudiums ihre Destination, also ihre Bestimmung, wo sie die erste Arbeit im Orden haben sollten. Viele haben sich dabei die Jugendarbeit oder die Studentenseelsorge gewünscht und diese auch bekommen. Ich selber hatte noch keine Destination und erhielt eines Tages einen Brief meines Provinzials. Er schrieb mir, dass Leute der „action 365" bei ihm gewesen seien und sich für ihre Arbeit einen guten Pater erbeten hätten. Er bat mich, mich doch mal bei der „action 365" zu melden, da das etwas für mich sein könnte.

Ich hatte mir die Arbeit nicht ausgesucht, aber sie gefiel mir von Anfang an, da ich ein Mensch bin, der die Welt verändern und verbessern möchte. Die „action 365" passte zu mir und ich zu ihr.

Abb. 60: Pater Eberhard von Gemmingen SJ

Im Sommer 1969 fing ich an, als sog. Regionalpriester die Teams im südwestdeutschen Raum zu betreuen. Mein Gebiet reichte vom Bodensee bis Saarbrücken. Die örtlichen Teams empfingen mich mit offenen Armen. Übrigens waren viele Menschen in den Teams Vertriebene aus den Ostgebieten. Geschlafen habe ich jeweils bei einer der Familien. Es konnte sein, dass ich am Abend in Karlsruhe, am nächsten in Offenburg, am dritten in Lörrach und am vierten in der Gegend nahe Basel war. Von den Teams hatte ich einen sehr guten Eindruck."[21]

Pater Leppich konnte aber nicht verhindern, dass ab der zweiten Hälfte der 60er Jahre die Zahl der Mitstreiterinnen und Mitstreiter in den Teams deutlich rückläufig war und viele auch wieder aufhörten. Für ihn war diese Erfahrung schmerzlich und alarmierend zugleich. Im Adventbrief vom 14.12.1967 an die Regionalpriester schrieb er:

„Ich fürchte, wir schrumpfen stark weiter. Wenn es nur die „Schlechten" wären, die weggingen, aber…!"[22]

Die „action 365" war insgesamt gesehen demokratisch aufgebaut. Die Teams am Ort bestanden nicht aus Vereinsmitgliedern mit Mitgliedsbeiträgen, sondern Interessentinnen und Interessenten traten den Teams mit den genannten religiösen Verpflichtungen einfach bei. Die örtlichen Teams wählten jeweils einen Stadtsprecher, die wiederum zur Wahl eines Regionalsprechers berechtigt waren. Die Regionalsprecher wählten ihrerseits ein sog. Zentralteam, das als eingetragener Verein im Vereinsregister verzeichnet war und seinen Sitz in Frankfurt hatte. Der vom Zentralteam gebildete Zentralausschuss wählte den Vorstand des Zentralteams und damit des Vereins. Im Zentralteam hatte Pater Leppich nur eine Stimme, musste sich also der Mehrheit beugen, auch wenn er selbst andere Meinungen in der Sache vertrat. Es kam hier in der zweiten Hälfte der 60er Jahre zu erheblichen Spannungen, die sich immer mehr verschärften.

Als Pater Eberhard von Gemmingen bei der „action 365" mit seiner hauptamtlichen Arbeit begann, hatten die Auseinandersetzungen bereits einen gefährlichen Level erreicht:

„Einschneidend war aber am Anfang, dass ich 1969 in Königstein im Taunus zu einer Sitzung der Regionalsprecher aus

ganz Deutschland hinzukam. Ich erlebte dort, wie ein Mann auf der Bühne stand und zu Pater Leppich sagte, dass er die Laien zu selbstständigen Christen herangezogen habe, die selber denken sollten. Und nun müsse er schon auch auf sie hören und sie würden dies und jenes wünschen. Er forderte Leppich auf, seinen eigenen Prinzipien entsprechend zu folgen. Ich kam also in Königstein gerade dazu, als es Krach zwischen den in Bewegung gesetzten Laienchristen und Pater Leppich gab. Ich sah, dass es auch in einer christlichen Gemeinschaft, die der Kirche und dem lieben Gott helfen wollte, Konflikte, Streit und Meinungsauseinandersetzungen gab. Ich hatte aber damals und auch heute noch den Eindruck, dass es nicht um Personen, sondern um Sachfragen ging, wenngleich hinter den Sachproblemen teilweise auch persönliche Konflikte standen. Leppich war eben autonom, manche meinten sogar ein Diktator, der bestimmt. Andererseits ermunterte er die Laien zu Selbstständigkeit und das wiederum schrieben sich die Laien auf ihre Fahnen und verwendeten diesen Gedanken nun ihrerseits gegen Leppich, um ihre Vorstellungen in der „action 365“ durchzusetzen.“[23]

Nicht weniger ausschlaggebend für das „Erdbeben“ innerhalb der „action 365“ war die Geschwindigkeit, mit der dort Ökumene vollzogen wurde. Pater Leppich konnte hier einiges nicht mehr mittragen, wenngleich er den ökumenischen Gedanken grundsätzlich für richtig hielt:

„Ich habe mir nie eingebildet, in diesem Zusammenhang ein Pionier gewesen zu sein. Nur muß ich mich dagegen wehren, als reaktionär bezeichnet zu werden, wenn ich gewisse ökumenische Superstürmer nicht mehr bejahen kann, die aus ihrem apostolischen Dornröschenschlaf erwachen und glauben,

mit theologisch noch nicht geklärten Thesen eine zweifelhafte Ökumene vollziehen zu können. "[24]

Am 29.01.1971 schrieb Pater Leppich in einem Brief an alle Teams in Deutschland, dass er die zu exklusive ökumenische Ausrichtung nicht bejahen könne, wenn sie auf Kosten der katholischen Substanz gehe.

1971 kam es schließlich beim ökumenischen Pfingsttreffen in Augsburg zum Eklat und zur endgültigen Spaltung der „action 365". Dieses Treffen fand vom 03. bis 05. Juni 1971 auf Einladung der Zentralkomitees der Deutschen Katholiken und des Deutschen Evangelischen Kirchentages statt. Es war die erste gemeinsame Tagung von katholischen und evangelischen Christen in Deutschland überhaupt. Dementsprechend hoch waren auch die Erwartungen.

Abb. 61: Ökumenisches Pfingsttreffen 1971 in Augsburg

Wir wissen heute, dass Ökumene mit ihren schwierigen theologischen Streitthemen viel Zeit und Geduld braucht und auch immer wieder von kleinen Rückschlägen begleitet sein kann. Insofern sind unsere heutigen Erwartungen wieder auf einem realistischen Maß, aber damals ging es einigen nicht rasch genug im Wiedervereinigungsprozess der beiden Kirchen.

Für die „action 365" war klar, dass sie sich in die Veranstaltungen der dreitägigen Tagung einbringen wird. Eines der großen Themen des ökumenischen Pfingsttreffens war die Interkommunion. So wurde für den 03. Juni 1971 auf 20 Uhr eine katholische Gottesdienstfeier für katholische und evangelische Christen in konfessionsverschiedener Ehe in der kath. Heilig-Kreuz-Kirche in Augsburg von der „action 365" geplant und durchgeführt.

Abb. 62 und 63: Kath. Heilig-Kreuz-Kirche in Augsburg

Rund 800 Besucher nahmen daran teil. Vor Beginn des Gottesdienstes wurde eine Erklärung des Augsburger Bischofs verlesen. Darin hieß es: „ Wer am eucharistischen Opfermahl teilnimmt, wird ein Leib und ein Geist auch mit der Gemeinde, die in Gemeinschaft mit Papst und Bischof, mit der katholischen Weltkirche steht." Jeder müsse sich fragen, so Bischof Dr. Josef Stimpfle weiter, wie weit er sich diesem katholischen Glauben anschließen könne. Jedenfalls hielt die bischöfliche Erklärung nur wenige davon ab, zur Kommunion zu gehen. Über 700 Besucher entschlossen sich, am Abendmahl teilzunehmen, wenngleich das Gewissen einzelner wohl durch eine großzügig vorgenommene Auslegung des bischöflichen Grußwortes durch den Pfarrer Erleichterung erfahren hatte.

Am darauffolgenden Tag kam es wiederum zu einem von der „action 365" veranstalteten Gottesdienst, dieses Mal allerdings in der evangelischen St.-Johannes-Kirche.

Abb. 64 und 65: Evang. Kirche St. Johannes in Augsburg

Sechs Fernsehteams waren in der Kirche anwesend. Hier kam es nun zum eigentlichen Bruch innerhalb der „action 365", als Pater Leppich demonstrativ die Kirche verließ. Lassen wir ihn selbst erzählen:

„Jahrelang habe ich um den ökumenischen Gedanken gekämpft… Für mich war dieses Weggehen (aus der Kirche) das Resultat einer Gewissensfrage. Als der Pastor mit dem Bäffchen den Abendmahlskelch nahm und zur Überraschung aller durch die Reihen ging, um ihn uns in die Hand zu drücken, konnte und mußte ich… reagieren. Nicht etwa, weil das Fernsehen bei dieser Gewissensattacke dabei war, sondern weil hier eine Überrumpelung im Gange war, die auch gläubige evangelische Christen zusammen mit ihren katholischen Brüdern nicht bejahen konnten."[25]

Draußen stand Pater Leppich an seinem Auto und schüttelte den Kopf über die Ereignisse:

„Das ist ja eine glatte Vergewaltigung."[26]

Pater Reinhold Flaspöhler SJ, eines der Mitglieder des Zentralteams in Frankfurt, konnte am nächsten Tag nur noch eine Flurschadensbegrenzung vornehmen, als er am 05. Juni sagte:

„Unser Anliegen ist zu einer Demonstration entglitten, die wir nicht beabsichtigt hatten."[27]

Die Reaktion des Augsburger Oberhirten ließ denn ebenfalls nicht lange auf sich warten. Am 05. Juni schrieb er:

„Die volle Einheit der Kirchen ist die Voraussetzung für die Kommuniongemeinschaft der katholischen mit den evangeli-

schen Kirchen und kirchlichen Gemeinschaften... Die gene-
relle Nichtzulassung von Nichtkatholiken zur Eucharistie hat
nichts zu tun mit repressiver Willkür, geht vielmehr aus der
Verantwortung hervor, die wir dem Geheimnis der Eucharis-
tie schulden. Die Eucharistie ist nicht nur als individueller
oder Gruppenakt zu verstehen, sondern als Selbstvollzug der
Kirche. Deswegen ist in der Eucharistie nicht nur der Glau-
be an den gegenwärtigen Herrn, sondern auch das Verständ-
nis der Kirche mitbetroffen, die insbesondere durch die Eucha-
ristie „Leib Christi" wird. Die katholische Eucharistiefeier ist
an den Vollzug unter Vorsitz eines bevollmächtigten Bischofs
oder Priesters gebunden, der in der Amtsnachfolge der Apo-
stel steht... Gerade heute, wo das Ethos der Wahrhaftigkeit
so viel gilt, kann man in dieser schwerwiegenden Frage nicht
zwischen Wahrheit und Liebe unterscheiden. Die Liebe ver-
langt Wahrhaftigkeit, auch dann, wenn sie außerordentlich
schmerzlich ist."[28]

Die evangelische Kirchenleitung schrieb, dass man der
ökumenischen Begegnung ihre stärkste Triebkraft nehmen
würde, wenn man das, was ihr Ziel ist, durch eine Art von
Selbsttäuschung vorwegnehmen wollte.

Die Gräben innerhalb der „action 365" waren mittlerweile
so tief geworden, dass ein kleiner Funke das Pulverfass zur
Explosion bringen konnte. Und eben dieser kleine Funke war der Gottesdienst am 04. Juni 1971. Er war natürlich nicht der Grund für die Spaltung, aber deren Auslöser.

Was war die Folge? Um Pater Tarara SJ bildete sich in
Deutschland die ökumenische „action 365" mit Sitz in
Frankfurt und der andere Teil unter Pater Leppich mit ka-
tholischem Profil nannte sich fortan „action 365 interna-

tional" mit Sitz in Darmstadt. Die Spaltung war also ein hoher Preis, aber sie war wohl aus dem Selbstverständnis des kirchlichen Denkens von Pater Leppich heraus unausweichlich geworden:

„… Es ist nicht möglich, zu klären, ob es eine gefährliche, zu weit gehende Ökumene war, die mich zwang, die Notbremse zu ziehen. Es ist auch nicht möglich, zu klären, ob es eine falsche, zu weitgehende Demokratisierung war, die dem Gesetz nicht mehr gerecht wurde, nach dem wir angetreten sind. Tatsache ist, daß es daraufhin 1971 zwei Bewegungen gab… Tragisch, daß es in Deutschland so gekommen ist…"[29]

Die Gruppen im Ausland waren von der Spaltung nicht betroffen. Sie gehörten auch weiterhin zu Pater Leppich.

Pater Gundikar Hock SJ, der heute in Berlin lebt, war hauptamtlicher Priester in der „action 365" und erlebte die Spaltung hautnah mit. Seine Erinnerungen vermitteln einen kleinen Eindruck davon, wie schmerzhaft sich die Spaltung vollzog:

„1971 kam ich nach Darmstadt und lebte somit in derselben Kommunität wie Pater Leppich. Insgesamt waren wir damals etwa 12 Priester. Da bekam ich auch sehr intensiv das ökumenische Pfingsttreffen in Augsburg als Teilnehmer mit, das ja dann schließlich der Auslöser für die Spaltung der „action 365" war. Es gab ziemlichen Aufruhr in der Öffentlichkeit. Sein darauffolgender Brief an die Teams, sie sollten sich entweder für seine Linie oder die ökumenische Frankfurter Linie entscheiden, verursachte teilweise einen Riss quer durch die Teams. Ich habe selbst Fälle erlebt, bei denen beispielsweise die Ehefrau sich für Leppich entschied und der Ehemann für

Frankfurt. Dieser Spaltungsprozess war schon sehr schmerz-
haft, aber letztendlich war er wohl unvermeidlich. Ein Wort
von Pater Leppich zu den Vorgängen: „Die Jacke der demo-
kratischen Gremien, (die er selbst ins Leben gerufen hatte), ist
mir zu eng geworden.“… Jedenfalls war die Spaltung 1971
nicht mehr aufzuhalten. Pater Leppich hat dann irgendwann
die Situation der „action 365“ mit der Spaltung des Franzis-
kanerordens verglichen, die bald nach der Ordensgründung
der Franziskaner erfolgte.“[30]

12 Gesellschaftliche Umbrüche und Rückgang des kirchlichen Lebens

Das Lebenswerk von Pater Leppich erfuhr nicht nur durch die Spaltung der „action 365" einen Rückschlag, sondern daneben übten gesellschaftliche Umbrüche einen nicht zu unterschätzenden Einfluss auf seine Arbeit aus.

Als Pater Leppich mit seinen Auftritten begann, lag Deutschland immer noch am Boden. Not und Elend waren ständige Tagesbegleiter. Kaum einer hätte damals gedacht, dass sich dieses Land innerhalb weniger Jahrzehnte zu einem der reichsten Länder der Erde entwickeln würde. Und doch kam es so! Wirtschaftlich ging es nach anfänglichen Schwierigkeiten ständig bergauf.

War es nach der bedingungslosen Kapitulation zunächst noch gar nicht im Interesse der Alliierten, Deutschland wieder wirtschaftlich emporkommen zu lassen, kam es 1948 aber mit dem sog. Marshallplan zur großen wirtschaftlichen Hilfe durch die USA. Inzwischen trugen die zwei großen Machtblöcke USA und Sowjetunion bereits den Kalten Krieg aus.

Nur wenige Monate später erfolgte in Deutschland die Währungsreform. Die Deutsche Mark war nun Zahlungsmittel. Am 08. Mai 1949 wurde das Grundgesetz verabschiedet und Bonn zur provisorischen neuen Hauptstadt erklärt. Überall begann der Wiederaufbau. Es galt vor allem, Wohnungen zu bauen.

Zuvor war bereits mit der Einführung der sog. sozialen Marktwirtschaft ein Erfolgsmodell für Friede und Wohlstand geschaffen worden. Allein zwischen 1950 und 1963 stieg die Industrieproduktion um 185 %. Die Arbeitslosigkeit war beseitigt. Ende der 50er Jahre zwang das Wirtschaftswunder sogar zum Abschluss von Anwerbeabkommen für sog. Gastarbeiter, zunächst mit Italien, später mit Spanien, Griechenland, Portugal und der Türkei.

Mitte der 50er Jahre konnten sich die Deutschen wieder mehr leisten. Erhebliche Lohnzuwächse machten dies möglich. Der Traum vom Eigenheim und vom eigenen Auto begann langsam Wirklichkeit zu werden. 1955 lief der einmillionste VW-Käfer vom Band. Waschmaschinen und Kühlschränke erleichterten das Leben, Fernsehgeräte und Radioapparate sorgten für Unterhaltung und Information. „Made in Germany" wurde zum Markenzeichen in aller Welt.

Abb. 66: Der Wohlstand nahm sichtbare Formen an

Die Deutschen konnten sich wieder satt essen. Die sog. „Fresswelle" setzte ein, die sich schon optisch durch eine wachsende Leibesfülle bemerkbar machte. Und das Fernweh nahm zu. Urlaub im Ausland schien für viele in den 50er Jahren leistbar. Italien mit seinen Kulturschätzen war zum Reiseland Nr. 1 geworden. Eine wahre Reisewelle nahm ihren Anfang.

Auf den Punkt gebracht: Den Deutschen ging es so gut wie nie zuvor. Aber mit dem Wohlstand ging gleichzeitig ein Glaubensschwund einher. Es zeigte sich wieder einmal mehr, dass Menschen Gott hauptsächlich dann brauchen, wenn es ihnen schlecht geht. Sobald aber die Not gelindert oder gar behoben war, schien man auch ohne ihn gut auszukommen.

Daneben kam es in den 60er Jahren in der Gesellschaft zu tiefgreifenden gesellschaftlichen und kulturellen Veränderungen, die mit der 68er-Bewegung ihren Höhepunkt erreichten. Nun darf diese Bewegung nicht grundsätzlich verurteilt werden. Sie verfolgte in ihren Anfängen Ziele, für die sie zu Recht auch heute noch Sympathien einfordern darf. Da ist ihr Protest gegen den Vietnamkrieg zu nennen und mit dem Slogan „Unter den Talaren – Muff von 1000 Jahren" verliehen die Studenten ihrer Forderung nach einer längst überfälligen Hochschulreform Ausdruck. Berechtigt war zudem ihr Ruf nach einer Aufarbeitung der Nazi-Vergangenheit der älteren Generation, nachdem es Nazi-Größen in der jungen Bundesrepublik geschafft hatten, sich wieder in hohe gesellschaftliche Positionen zu bringen.

Aber in ihrer Radikalität schoss die Bewegung jedoch weit über das Ziel hinaus. Es war vor allem die Gewaltbereitschaft, die sich namentlich nach dem Tod des Studenten Benno Ohnesorg auszubreiten begann. Er wurde im Zusammenhang mit dem Staatsbesuch des persischen Schahs und seiner Frau von der Kugel eines Polizeibeamten tödlich verletzt. Unter den gewaltbereiten Studentinnen und Studenten fanden sich Namen wie Ulrike Meinhof, Andreas Bader u.a. Sie und andere sollten die Bundesrepublik später mit der RAF in Atem halten.

Mit der 68er-Bewegung kam es aber nicht nur in politischer Hinsicht, sondern auch in kultureller und moralischer Hinsicht zu einem Aufbegehren. Wertvorstellungen der aus ihrer Sicht verknöcherten Elterngeneration sollten keinesfalls übernommen werden. Vor allem auf sexuellem Gebiet fielen alle Schranken: Ablehnung des hergebrachten Familienmodells und wechselnde Sexualpartner (Slogan der 68er-Bewegung: „Wer zweimal mit derselben pennt, gehört schon zum Establishment") usw.

Auch Drogen hatten Hochkonjunktur. „High sein, frei sein, überall dabei sein", das waren Vorstellungen, die junge Menschen damals in eine Scheinwelt versetzten, die mit der Realität nichts mehr gemein hatten.

Die Weltrevolution, das war letztendlich das von Studentenführer Rudi Dutschke propagierte große Ziel der Studentenbewegung.

Es war unausweichlich, dass die Wertevorstellungen der 68er-Bewegung zu einem Konflikt mit der Kirche führen mussten. Die umwälzenden Ereignisse überrollten Pater Leppich. Ein kalter Gegenwind blies nicht nur ihm, sondern der ganzen Kirche ins Gesicht.

Der Wohlstand und die gesellschaftlichen Umbrüche dürften denn auch die beiden Hauptgründe für den Rückgang des kirchlichen Lebens sein.

Unter Willi Brandt kam es daneben zu einer veränderten Ostpolitik, durch die ein neues deutsches Verhältnis zu den kommunistischen Ostblockstaaten entstand.

Immer mehr verlagerte sich der Schwerpunkt der Arbeit von Pater Leppich auf seine Teams, deren Zahl längst ihren Zenit überschritten hatte. Der allgemeine Glaubensschwund im deutschsprachigen Raum machte vor ihm und seinen Teams nicht Halt.

13 Kritik und Gegnerschaft

Ein Sprichwort lautet: „Es ist fast unmöglich, die Fackel der Wahrheit durch ein Gedränge zu tragen, ohne jemandem den Bart zu versengen." Pater Leppich nahm kein Blatt vor den Mund und sparte gegenüber Institutionen, Personen des öffentlichen Lebens, Politikern und seiner eigenen Kirche nicht mit harscher Kritik. Es ist also kein Wunder, dass er damit auch Widerspruch herausforderte.

Trotz der Begeisterung für Pater Johannes Leppich muss in diesem Buch auch diesem Thema ein Kapitel gewidmet werden. Alles andere würde ihm und der Wahrheit nicht gerecht werden. Es gab auch im Leben von Pater Leppich Punkte, die einer kritischen Prüfung unterzogen werden müssen. Zwar war nicht alle Kritik berechtigt, aber umgekehrt auch nicht alles unbegründet.

Widerspruch und Kritik nahm Pater Leppich in Kauf:

„Aber wenn man Pionierwege geht und heiße Eisen anpackt, wird es nicht ausbleiben, daß harte und zum Teil auch ungerechte Reaktionen kommen."[1]

Ein Auftritt im Fürstentum Liechtenstein legt Zeugnis davon ab, wie sehr Pater Leppich mit seinen Predigten anecken konnte. Im Landesarchiv in Vaduz fand sich in einem Landtagsprotokoll von 1966 die Anfrage eines Abgeordneten, der Anstoß an einer Veranstaltung von Pater Leppich nahm:

„Doch ich möchte doch, in der Annahme, dass die Fürstliche Regierung davon weiss, sie anfragen oder vielleicht ersuchen, in der nächsten Sitzung dazu Stellung zu nehmen, wie sie

sich zum Auftreten eines gewissen Herrn Pater Leppich stellt. Diese Ausführungen, die er dieses Mal gebracht hat, waren wirklich etwas demagogisch, indem sie sich auf fremde Staatsmänner und fremde Staaten bezogen haben. Das kann uns nicht gleichgültig sein, ob die Beziehungen zu fremden Staaten durch solche Ausführungen gestört werden. Wenn Sie es wünschen, kann ich Ihnen auch Blütenlesen geben, denn wir haben diese Ausführungen teilweise auf Tonband. Es ist nicht ganz in Ordnung, wie sich Pater Leppich über liechtensteinische Männer und Frauen ausgedrückt hat. Ich möchte die Regierung schon einladen, diesem Problem einmal nachzugehen und zu überlegen, ob man solchen Leute[n] Redefreiheit gewährt bzw. sie die Redefreiheit missbrauchen lässt. Ich befinde mich mit dieser Auffassung in sehr guter Gesellschaft, denn ich habe mich mit der Geistlichkeit von Liechtenstein in Verbindung gesetzt und diese hat mir ausdrücklich erklärt, dass sie sich mit den Ausführungen des Pater Leppich nicht identifiziert und sie auch als abstossend empfunden hat.["2]

Zeitzeugen, die mit Pater Leppich zusammengearbeitet haben, berichten ziemlich übereinstimmend, dass er sehr autoritär sein konnte. Umgekehrt scheint es ihm zuweilen schwer gefallen zu sein, mit Kritik angemessen umzugehen. Da mag auch einiges dem Stress geschuldet sein, dem Pater Leppich jahrzehntelang ausgesetzt war, aber damit lässt sich nicht alles erklären oder gar entschuldigen. Pater Bernhard Ehlen SJ erinnert sich an eine Begebenheit:

„1966 oder 1967 begleitete ich Pater Leppich persönlich auf seiner Tournee durch Süddeutschland. Diese Zeit hatte mich tief beeindruckt… Erinnern kann ich mich, dass einige Personen, die ihm nahestanden und seine Auftritte vor Ort auch

wochenlang vorbereitet hatten, dann durchaus auch Kritik an Leppich übten, wenn dieser wieder einmal allzu heftig mit der örtlichen Geistlichkeit ins Gericht ging. Da hat Leppich diese Personen gleich „zusammengeputzt". Dies führte dazu, dass sich z.B. der leitende Organisator, ein Sparkassendirektor, enttäuscht und beleidigt zurückzog und mit Leppich nichts mehr zu tun haben wollte."[3]

Was Pater Leppich sicherlich zugutegehalten werden muss, ist die Tatsache, dass es schon einer straffen Führung bedurfte, die Großveranstaltungen zu organisieren und gleichzeitig die „action 365" mit ihrer fast explosionsartigen Entwicklung auf Kurs zu halten.

Pater Leppich schien nach Beobachtung von Zeitzeugen wegen seiner großen Erfolge zuweilen auch Probleme gehabt zu haben, die innere Demut zu bewahren. Da wurden zum Teil leichte Anflüge von Arroganz von seinen Mitmenschen wahrgenommen.

Wer unter ihm arbeitete, brauchte ein starkes Korsett und durfte nicht empfindlich sein. Sein Umgang mit Mitarbeiterinnen und Mitarbeitern wird teilweise als ruppig beschrieben. Und er verlangte auch sehr viel von ihnen. Pater Eberhard von Gemmingen kann sich hierzu an ein Beispiel erinnern:

„Pater Leppich hatte verschiedene katholische Hilfsorganisationen wie Misereor, Adveniat und Caritas nach Frankfurt zu einem Meinungsaustausch eingeladen. Und anstatt diese Sitzung selbst zu moderieren, sagte Leppich zu mir wenige Stunden vor der Veranstaltung: „Gemmingen, Sie nehmen das in die Hand!" und weg war er. Ich konnte dann zu-

sehen, wie ich die überraschende Situation meistere. Aber so war er eben!"⁴

Dass es mit einzelnen Bischöfen und Pfarrern immer wieder Ärger gab, liegt auf der Hand. In seinem Orden gewährte man ihm zwar eine gewisse „Narrenfreiheit", aber auch dort stieß sein Reden und Handeln nicht immer nur auf Gegenliebe.

Sogar die Stasi in Ost-Berlin hatte ein Auge auf ihn geworfen, was wohl mit seinen antikommunistischen Predigten zusammenhing. Seine Stasi-Akte umfasst rund 470 Seiten. Systematisch wurde von 1953 bis 1989 Material über seine Person gesammelt. Es handelt sich vorwiegend um westdeutsche Zeitungsberichte von seinen Großveranstaltungen. Überraschenderweise finden sich in der Akte nur wenige Dokumente, die von der Stasi selbst angefertigt waren. Sie sind auffallend nüchtern abgefasst und enthalten keine persönlichen Angriffe gegen Pater Leppich. Die Akte darf als wenig spektakulär bezeichnet werden, aber sie dokumentiert andererseits deutlich das Interesse der Stasi an seiner Person.

Auf die vielseitige Kritik, die Pater Leppich in seinem Leben entgegenschlug, sagte er einmal:

„Ich habe viel Kritik mitbekommen, auch von den Schwarzen. Herrgott, und manchmal auch von den Bischöfen. Heute wären sie froh, sie hätten so'n harmlosen Leppich. Nun müssen sie sich um Skandalpriester kümmern."⁵

14 Letzte Jahre und Tod

Die letzten Lebensjahre von Pater Leppich waren von zunehmenden gesundheitlichen Problemen begleitet. Den ersten großen „Schuss vor den Bug" erhielt er 1971 durch einen schweren Herzinfarkt. Danach wurde es ruhiger um ihn. Er wusste genau, dass er sich schonen musste, wenn er noch ein paar Jahre bei einigermaßen akzeptabler Gesundheit leben wollte. Vor allem die nervenaufreibenden Großveranstaltungen gehörten nun von wenigen Ausnahmen abgesehen der Vergangenheit an:

„Ich kann nicht mehr 20.000 bändigen. Dazu 30 Mann im Einsatz und Polizei und Ärger. Das Nervenkostüm ist verschlissen. Mein lieber Mann, das büße ich jetzt. Der Arzt sagte mir, ich hätte mit meiner Gesundheit Schindluder getrieben. Aber ich habe mich gefangen. Wenn ich jetzt maßhalte und mich nicht verrückt mache, kann ich noch viel arbeiten."[1]

Er kümmerte sich danach vermehrt um seine verbliebenen Teams und hielt Vorträge.

1975 kam es zu einem Schlaganfall, der vor allem zu Sprachschwierigkeiten führte. Zwar widmete er sich nach der erfolgten Genesung nach wie vor seinem Lebenswerk, aber er spürte durchaus immer mehr seine physischen und auch psychischen Grenzen. Inzwischen war er 60 Jahre alt geworden. Pater Leppich wusste, dass seine große Zeit vorüber war.

Im Kreise seiner Verwandten und Freunde konnte er 1985 noch seinen 70. Geburtstag feiern.

Abb. 67: Der 70. Geburtstag

Mit 74 Jahren zog er sich schließlich 1989 in das Haus
Sentmaring in Münster zurück, das 1928 von den Jesuiten
erworben wurde.

Abb. 68: Haus Sentmaring

1990 vermochte er nach der Öffnung des Eisernen Vorhanges unverhofft wieder seine Heimat Schlesien besuchen. Auf dem Annaberg predigte er vor 12.000 Menschen und vor der Ruine des Eichendorff-Schlosses Lubkowitz waren es 15.000 Zuhörerinnen und Zuhörer.

Abb. 69: 1990 in Schlesien

Dennoch war es nicht zu übersehen, dass seine Kräfte stetig nachließen. Rückblickend auf sein Leben zog er Bilanz und war mit dem Erreichten trotz aller Widrigkeiten nicht unzufrieden:

„Wenn Gott für 30 Jahre mit meinen Leuten Gutes gewirkt hat, dann ist das auch ein Erfolg.“[2]

In einem Brief ohne Datum (wahrscheinlich aus dem Jahr 1991) berichtete Pater Leppich von gesundheitlichen Schwierigkeiten während eines Aufenthaltes auf der Insel Baltrum:

„Magen- oder Darmbluten? Jedenfalls hat mich die Ärztin mit Gewalt weghaben wollen. Ich bin kein „Hochstapler", aber da in der Nacht kein Flugzeug ging, mußte mich der Kapitän (mit 500 Plätzen) allein als Passagier auf das Festland fahren. "[3]

Am 03.05.1991 wurde es dann wirklich lebensgefährlich. Im oben bereits erwähnten Brief schrieb er hierzu:

„Ich war im Intercity und mußte in Dortmund umsteigen nach Münster. Im Tempo hat es geklappt! Aber ich merkte bald, daß ich mit dem Lokomotivführer allein im langen Intercity saß. Für ihn war es die Endstation, und ich landete weit draußen auf dem Güterbahnhof. Dann plötzlich das zweite Mal Krankenhaus und diesmal mit Operation. "[4]

Pater Leppich hatte schwere Darmblutungen, die diese Operation im Clemenshospital in Münster notwendig machten, bei der er viel Blut verlor.

Abb. 70: Clemenshospital in Münster

Sieben Stunden Narkose und 10 Tage Intensivstation lassen die Schwere des Eingriffes erahnen. Dennoch überstand er die Operation nicht zuletzt zu seiner eigenen Überraschung:

„Im Mai dieses Jahres, nach einer schweren Darmblutung, bin ich dem Tod noch mal von der Schüppe gesprungen, obwohl ich eigentlich fällig gewesen wäre. Seit ich Astronautenkost fresse, weil mein Arzt meint, sechzig Kilo wären für mich zu wenig, habe ich sieben Pfund zugelegt."[5]

In seinem Nachlass[6] fand sich eine Zeitungsannonce, die Pater Leppich nach seiner erfolgreichen Operation und Genesung aufgab und die erkennen lässt, dass der Jesuit sich nach diesem schweren operativen Eingriff trotzdem weiterhin selbstlos um die Belange der hungernden und kranken Menschen in der Welt kümmern wollte.

> **Pater Leppich**
>
> Ich darf noch weiter leben!
>
> Nach schwerer Operation
> – danke ich Gott,
> – den Ärzten,
> – den Blutspendern
> – und den vielen Betern.
>
> Seit Jahrzehnten kümmere ich mich um Hungernde und Leprakranke in der 3. Welt. Das kann ich nun weiter tun.Wollen Sie mir dabei helfen?
>
> **Soialwerk Pater Leppich e.V.**
> Deutsche Bank Darmstadt
> Konto-Nr.: 2311553, BLZ 50 870 005

Pater Leppich spürte sehr genau, dass ihm für seine Arbeit nur noch wenig Zeit verblieb. In der ihm eigenen humorvollen Art sagte er:

„Fühle mich wie ein Porsche, den man im 3. Gang fahren muß… Wenn man es auch äußerlich nicht sieht: Tatsächlich bin ich ein ziemliches Wrack."[7]

Sein Lebenswerk hatte seine Kräfte aufgezehrt und es schien nur noch eine Frage der Zeit zu sein, bis er endgültig von der Bühne dieser Welt abtreten musste. Pater Leppich wurde vor seinem Tod auch durchaus selbstkritischer:

„Ich habe getan, was ich konnte, trotzdem hätte ich mehr tun können. Ich hätte selbstloser sein können, hätte nicht so radikal, sondern gütiger sein müssen und vor allem nicht so eitel sein dürfen… Denn eines habe ich gelernt: Gott braucht keinen Pater Leppich.“[8]

Über Weihnachten 1991 wurde überraschend wegen eines Leistenbruches erneut eine Operation notwendig.

Pater Leppich predigte trotz seiner mehr als angeschlagenen Gesundheit mit letzter Kraft weiter. In St. Margareta in Lengerich brach er im August 1992 eine Lanze für die Priester, die tagtäglich in den Gemeinden ihren Dienst verrichten:

„Ich meine, ihr erwartet zuviel von einem Pfarrer. Überlegt mal, um was der sich alles kümmern muß. Er soll Gemeinde- und Krankenhäuser bauen, für die Alten und Jungen, aber auch für die Gesunden und Kranken da sein. Er soll dem Gemeindeleben Impulse verleihen und auch noch spannend predigen. Wenn dann so ein Mann verzagt und ans Saufen kommt, dann sage ich, ihr seid schuld. Ich frage, habt ihr nur ein einziges Mal euren Priester gelobt und ihm Mut gemacht? Wenn nicht, sage ich, ihr habt ihn auf dem Gewissen.“[9]

Gegen Ende des Sommers 1992 schrieb er einen Brief an

seine Freunde, Mitarbeiterinnen und Mitarbeiter. Darin macht er trotz der dunklen Wolken über dem Kirchenhimmel nochmals Mut:

„Fernsehen, Zeitungen und Gespräche zum Thema Kirche könnten mutlos machen. Freilich sind diese Berichte meist nicht so objektiv, wie sie es sein müßten. (50% der Fernseh-Bosse z.B. sind aus der Kirche ausgetreten.) Wenn ich keinen Glauben hätte, würde ich vielleicht die Situation der Kirche heute auch negativ sehen… Doch warum jammern? Deutschland ist nicht der Nabel der Welt! Die Zukunft der Kirche wird sich stark in Asien und Afrika abspielen. Und denken wir auch an die ehemals kommunistischen Länder. Den Kirchen dort müssen wir entscheidend helfen! Der Heilige Geist wird… neue Wege zeigen – vielleicht sogar blühende Wege!"[10]

Über seinen Gesundheitszustand schrieb Leppich am 05.09.1992 in einem Brief an Pater Rektor und Pater Minister:

„Ich bin nicht „übermüdet", aber meist sehr müde mit „Tagesschlafunterbrechung" (das hängt mit meiner zu großen Leber zusammen). Die Blutkrankheit (Polycythaemia vera) – das ist mein Hauptproblem. Beim Internisten bzw. Hämatologen an der Uni muß ich etwa zehn mal im Jahre das Blut kontrollieren bzw. „korrigieren" lassen (Aderlässe und eventuell Radiophosphorspritzen)…"[11]

Bei der von Pater Leppich erwähnten Blutkrankheit „Polycythaemia vera" handelt es sich um eine seltene Erkrankung, bei der eine abnorme Vermehrung von roten Blutzellen (Erythrozyten) vorliegt. Er ahnte nicht, dass ihm bei

Abfassung des Briefes nur noch wenige Wochen seines irdischen Lebens vergönnt sein würden.

Wie sehr seine Kräfte aufgezehrt waren, zeigt eine Begegnung mit Irmgard Hengge in Darmstadt. Es war bezeichnend, welchen Eindruck sie von ihrem Besuch mit nach Hause nehmen musste:

„Drei Monate vor seinem Tod habe ich Pater Leppich in Darmstadt besucht. Er holte mich vom Bahnhof ab. Das kam mir schon seltsam vor, weil er so etwas sonst nie gemacht hatte. Er meinte, er habe heute viele Tabletten genommen. Damit wollte er mir signalisieren, dass er diese Tabletten genommen hatte, um für meinen Besuch halbwegs fit zu sein. Ich nahm von meinem Besuch den Eindruck mit, dass er sein nahes Ende ahnte. Er sagte auch zu mir: „Lass uns nicht vom Tod reden!"[12]

Pater Bernhard Ehlen SJ konnte bei Pater Leppich eine Angst vor dem Tod wahrnehmen, insbesondere vor einem plötzlichen Tod, der aufgrund seiner Krankengeschichte durchaus möglich schien.[13]

Dienstag, 24. November 1992! Pater Leppich bekam abends gegen 19.30 Uhr wie schon 1991 wieder Darmblutungen. Gegen 20 Uhr kam es zu einer zweiten Blutung. Daran schloss sich eine telefonische Konsultation mit seinem Internisten an. Der vermittelte eine Aufnahme in die Raffaelsklinik. Pater Baecker fuhr ihn in die Klinik.

Abb. 71: Raphaelsklinik in Münster

Dort kam es zu einer weiteren Blutung. Pater Gisbert OFM spendete ihm die Krankensalbung. Da Infusionen nicht halfen, entschlossen sich die Ärzte um 03.00 Uhr in der Nacht zum Mittwoch (25.11.1992) zur Notoperation. Es wurde dabei ein Stück des Dickdarms entfernt. Pater Leppich verlor während der Operation etwa zwei Liter Blut. Es wurde eine harte Stelle ertastet. Deshalb wurde eine Gewebeprobe entnommen und eingeschickt. Um 08.00 Uhr morgens befand er sich immer noch im OP. Danach erfolgte die Verlegung auf die Intensivstation.

Am 29. November 1992 durfte Pater Leppich gerade noch den 50. Jahrestag seiner Priesterweihe erleben.

Montag, 07. Dezember 1992! Die Strapazen der Operationen waren zu groß und sein Organismus war nach all den gesundheitlichen Schäden der letzten Jahrzehnte nicht mehr in der Lage, sich gegen den Tod zu wehren. Pater Johannes Leppich gab sein Leben an diesem Montag im Alter von 77 Jahren in die Hände seines Schöpfers zurück.

In seinem Nachlass findet sich folgende handschriftliche Eintragung: „Erklärung der Ärztin in der Intensivstation: P. Leppich hatte <u>keinen</u> Krebs. Er hatte eitrige Abzesse im Darm. Am Schluss – nach 2 Operationen – war er zu schwach. Sein Herz versagte einfach. Er hatte nicht die Kraft, selbständig zu atmen, genügend zu atmen ...“[14]

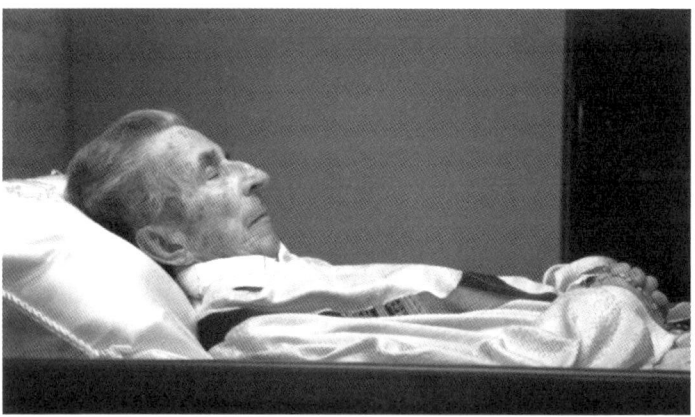

Abb. 72: Aufgebahrter Leichnam

Johannes Leppich stand nun vor seinem Richter, um Rechenschaft über sein Leben abzulegen. Viele Menschen hatte er wieder für Jesus und seine Kirche gewinnen können. Alles opferte er dafür auf. Unzähligen Menschen auf der Welt brachte er materielle Hilfe. Allein Gott kennt ihre Zahl.

Im Himmel wird Pater Leppich so manch dankbarer Seele begegnen, die ohne ihn vielleicht verloren gewesen wäre. In der Ewigkeit darf er nun das genießen, was er auf Erden nicht finden konnte, nämlich eine tiefe innere Ruhe.

Die Todesanzeige informierte die Öffentlichkeit über das Ableben des Jesuiten. Auch der Rundfunk und das Fernsehen berichteten über den Tod des „Maschinengewehres Gottes".

Todesanzeige

Seine „action 365 international" in Darmstadt betrauerte den Verlust ihres Gründers und geistlichen Leiters, der ein gewaltiges Lebenswerk und tiefe Spuren hinterließ:

Pater Johannes Leppich, SJ

* 16. 4. 1915   † 7. 12. 1992

Die Mitarbeiter in den Teams, im Sekretariat in Darmstadt und im Zentralrat trauern um den
Gründer und geistlichen Leiter der action.
Wir sind dankbar, daß es ihn so lange für uns gab.

action 365 international

Requiem am 12. Dezember 1992 um 11.00 Uhr in der Antoniuskirche in Münster/Westfalen,
Weseler Straße.
Anstelle von Blumen und Kränzen sind Spenden für das „Sozialwerk Pater Leppich" im Sinne
des Verstorbenen:
Konto-Nr. 2 311 553 (BLZ 508 700 05) bei der Deutschen Bank Darmstadt.

Nachruf der „action 365 international"

Am Freitag, den 11. Dezember, fand zunächst um 14.00 Uhr das Requiem in der Hauskapelle der Jesuiten statt, bevor der Leichnam anschließend von sechs Novizen zu Grabe getragen wurde. Volker Hollender von der „action 365 international" nahm an der Beisetzung teil.

Besonders beeindruckte ihn, dass es sich der damals älteste Jesuit der Welt, Pater Klein, mit seinen 104 Jahren nicht nehmen ließ, mit auf den Friedhof zu gehen. Dort habe Pater Klein über das offene Grab hinweg gerufen: „Johannes, Deine Stimme wird lauter und immer lauter. Du wirst es sehen!"[15] Einen Tag darauf folgte dann in der Antoniuskirche in Münster das öffentliche Requiem für Pater Leppich.

Abb. 73: Volker Hollender

Sein Grab befindet sich auf dem Friedhof der Jesuiten im Park Sentmaring im Geistviertel von Münster. Nur ein schlichter Grabstein erinnert hier an ihn.

Abb. 74: Beisetzung

Abb. 75: Jesuitenfriedhof im Park Sentmaring, Münster

Abb. 76: Der schlichte Grabstein von Pater Johannes Leppich

Rund 15 Millionen Menschen haben die „Asphaltpredigten" von Pater Leppich gehört. Bis zu 40.000 Menschen waren es bei einer Veranstaltung. Ca. 70 % seiner Zuhörerschaft waren Menschen, die der Kirche fernstanden. Wenngleich seine Zeit nicht die heutige ist, so scheint doch die Art seiner Glaubensverkündigung zeitlos zu sein. Er kann uns auch heute noch als Beispiel dafür dienen, das Evangelium auf ungewöhnliche Weise zu den Menschen zu tragen. Wenn er übrigens heute noch am Leben wäre und in der Kirche wirken dürfte, er würde die Klaviatur der Glaubensverkündigung über das Internet und andere moderne Medien sicherlich meisterhaft spielen.

Brauchen wir Menschen wie Pater Leppich heute wieder in unserer Kirche? Kardinal Walter Kasper ist davon überzeugt, wenn er in seiner Mail vom 29.03.2019 an den Autor schreibt:

„Einen neuen Pater Leppich könnten wir nur allzu gut gebrauchen."[16]

Pater Leppich ist zwar der älteren Generation noch durchaus präsent, aber ansonsten scheint er weitgehend vergessen zu sein. Aber auch wenn wir die Predigten und Gedanken von Pater Leppich für uns nicht mehr eins zu eins übertragen können, so brauchen sich Theologen von heute keineswegs zu schämen, bei Pater Leppich in die Lehre zu gehen und von ihm zu lernen. Auch wenn er höchsten theologischen Ansprüchen selten gerecht werden konnte, drang er trotzdem mit seiner Begeisterung und seiner Art in die Herzen der Menschen ein. Kirche wächst nämlich nur durch Begeisterung und Menschen, die glühen wie Pater Johannes Leppich. Pater Eberhard von Gemmingen bringt es auf den Punkt, wenn er sagt:

„Pater Leppich wird heute weitgehend unterschätzt. Er hat Hunderttausende von Katholiken und Protestanten, die in der Kirche etwas tun wollten und die Ärmel hochgekrempelt hatten, zusammengebracht und damit etwas in Bewegung gesetzt. Er hat in der Kirche Deutschlands sehr viel angefangen, längst bevor andere dies taten."[17]

In ähnlicher Weise strahlt eine große Bewunderung aus den Worten seines Mitbruders Pater Bernhard Ehlen SJ:

„Insgesamt gesehen können wir äußerst dankbar dafür sein, dass es einen Pater Leppich damals in der Kirche gegeben hat. Er konnte begeisternd und beeindruckend predigen. Er gewann auch viele Fernstehende für die Kirche. Aber er hatte innerkirchlich und außerhalb der Kirche auch eine ganze Menge Neider. Doch vor seinem Lebenswerk kann man nur größte Hochachtung haben."[18]

Zum Schluss soll Pater Johannes Leppich noch einmal mit einem Gedanken zu Wort kommen, der uns heute allen, namentlich uns Laien zu denken geben sollte:

„Wenn ein Schiff auf dem Meer SOS funkt und man kümmert sich nicht darum, dann kommt man vor ein internationales Gericht. Es funken aber die Menschen ständig SOS und gehen zugrunde. Der Auftrag Christi: „Gehet hin und werbet Jünger für mich bei allen Völkern" ist keine bloße Einladung, er ist ein Befehl!... Darum werden wir schuldig vor Gott, wenn unser Eifer nicht konkurrenzfähig ist mit dem vieler einfacher und doch so bereitwilliger Sektierer. Warum sind

wir so phantasielos, wenn es darum geht, neue Wege zu finden, um anderen zu helfen? Wir sollten den Herrgott viel öfter um Ideen und mutigen Eifer bitten. Die Testfrage, die vor einiger Zeit an Katholiken gerichtet wurde, ist auch für uns eine Gewissenserforschung: 72 Prozent der Befragten haben zugegeben, daß sie noch niemals den Versuch gemacht haben, jemand für die Kirche zu begeistern. Gehören auch wir zu denen, die Gott „stumme Hunde" nennt?... Ihr sollt das Maul aufmachen! Das Missionarische ist Euch verlorengegangen, das muß wieder wie ein heiliges Feuer Eure Herzen durchglühen. Werdet beredt und sprechend für das Gottesreich. In der Öffentlichkeit, überall, wo Ihr arbeitet. Geht wieder auf die Straßen, an die Zäune."[19]

Literaturverzeichnis

Adenauer, Evelyne A.: Beiträge zu Theologie, Kirche und Gesellschaft im 20. Jahrhundert, Band 22, Das christliche Schlesien 1945/46

Aktion Pater Leppich: Amulett bis Zölibat, Phrasen - Klischees - Argumente, 1. Auflage, Darmstadt, 1977

Back, Gerlinde; Wichard, Rudolf: Kontinuität auf dem Weg der action 365, Stiftung Haus der action 365, Frankfurt am Main

Beer, Mathias: Flucht und Vertreibung der Deutschen, Voraussetzungen, Verlauf, Folgen, Verlag C. H. Beck, München, 2011

Beier, Matthias: Eugen Drewermann, Die Biografie, Patmos-Verlag, 2017

Berger, Walter (Herausgeber): Gott sieht Dich an in jedem Kind, 20 Jahre Jugend- und Kinderdorf Klinge, Martin-Verlag, Buxheim, 1965

Blecher, Helmut: Unser erster Urlaub in den 50er und 60er Jahren, 2. Auflage, Wartberg Verlag GmbH & Co. KG, Gudensberg-Gleichen, 2010

Brandes, Detlef: Der Weg zur Vertreibung 1938-1945, Pläne und Entscheidungen zum „Transfer" der Deutschen aus der Tschechoslowakei und aus Polen, 2. überarbeitete Auflage, R. Oldenburg Verlag, München, 2005

Bundesministerium für Vertriebene, Flüchtlinge und Kriegsgeschädigte (Herausgeber): 20 Jahre Lager Friedland, 1965

Courtois, Stéphane u. a.: Das Schwarzbuch des Kommunismus, Unterdrückung, Verbrechen und Terror, 3. Auflage, Piper Verlag, München, 1998

Czerwensky, Max: Schlesien in weiter Ferne, Erinnerungen eines vertriebenen Priesters an seine Heimat, Oberschlesischer Heimatverlag, Dülmen, 1987

Fuhrer, Armin: 1968, Ein Jahr verändert Deutschland, Palm Verlag (Imprint des Elsengold Verlages), 2017

Großbongardt, Annette und Klußmann, Uwe und Pötzl, Norbert F. (Herausgeber): Die Deutschen im Osten Europas, Eroberer, Siedler, Vertriebene, 3. Auflage, Wilhelm Goldmann Verlag, München, 2013

Herzig, Arno: Geschichte Schlesiens, Vom Mittelalter bis zur Gegenwart, Verlag C. H. Beck, München, 2015

Hofer, Walther (Herausgeber): Der Nationalsozialismus Dokumente 1933-1945, Fischer Bücherei, Frankfurt am Main, 1963

Köppen, Ernst: Verpackte Hilfe, Zwanzig Jahre Deutsches Medikamenten-Hilfswerk „action medeor" 1964-1984, action medeor, Tönisvorst, 1984

Kossert, Andreas: Die Geschichte der deutschen Vertriebenen nach 1945, 3. Auflage, Siedler Verlag, München, 2009

Leppich, Johannes: Atheisten-Brevier, 9., überarbeitete Auflage, Darmstadt

Leppich, Johannes: Christus auf der Reeperbahn, … Pater Leppich unterwegs, 5. Auflage, Bastion-Verlag, Düsseldorf, 1959

Leppich, Johannes: 365 Mal Mensch sein (Herausgeberin: action 365, Frankfurt/Main), Verlag H. Kaltenmeier Söhne, Hüls bei Krefeld, 1967

Leppich, Johannes: 3 x Satan, 3. Auflage, Bastion-Verlag, Düsseldorf

Leppich, Johannes u. a.: dynamisches Apostolat, Ein Werkbuch apostolischer Zellenarbeit, Verlag H. Kaltenmeier Söhne, Hüls bei Krefeld

Leppich, Johannes: Ein Briefnoviziat, 1. Auflage, Aktion Pater Leppich, 1962

Leppich, Johannes: Gott zwischen Götzen und Genossen, 2. Auflage, Bastion-Verlag, Düsseldorf, 1959

Leppich, Johannes: In grüner Hölle, Ein brasilianisches Vaterunser, 2. Auflage, Bastion-Verlag, Düsseldorf, 1967

Leppich, Johannes: Meditationen auf dem Asphalt, Verlag Butzon & Bercker, Kevelaer

Leppich, Johannes: Passiert. Notiert. Meditiert., 50 Jahre Rückblende, 1. Auflage, 1974

Leppich, Johannes: Zeitung ein Gebetbuch, 4. Auflage, Butzon & Bercker, Kevelaer

Liedtke, Klaus (Herausgeber): Aufstieg und Fall des Kommunismus, Von Lenin über Mao bis Gorbatschow, Sternbuch im Verlag Gruner + Jahr, Hamburg, 1990

Levermann, Claus-Peter: Mendener Geschichten - So war es früher, Band 3, Klartext-Verlag, Essen

Mees, Günther und Graf, Günter: Pater Leppich spricht, Journalisten hören den „Arbeiterpater", 8. Auflage, Bastion-Verlag, Düsseldorf, 1954

Museum Friedland: Fluchtpunkt Friedland, Über das Grenzdurchgangslager 1945 bis heute, Wallstein Verlag, 2017

Piekalkiewicz, Janusz: Polenfeldzug, Hitler und Stalin zerschlagen die Polnische Republik, Gustav Lübbe Verlag, Bergisch-Gladbach, 1982

Präsidium des Deutschen Evangelischen Kirchentages und Zentralkomitee der deutschen Katholiken (Herausgeber): Ökumenisches Pfingsttreffen Augsburg 1971, Dokumente, 1. Auflage, Kreuz Verlag, Stuttgart, 1971

Surminski, Arno u. a.: Flucht und Vertreibung, Europa zwischen 1939 und 1948, Ellert & Richter Verlag GmbH, Hamburg, 2012

Trautmann, Markus: Mit Glaubensglut und Feuereifer, Werenfried van Straaten und Johannes Leppich, Zwei charismatische Gestalten im deutschen Nachkriegskatholizismus, 2. Auflage 2011, Patris Verlag GmbH, Vallendar-Schönstatt

Trotzki, Leo: Der junge Lenin, 1. Auflage, Verlag Fritz Molden, Wien-München-Zürich

Urban, Thomas: Der Verlust, Die Vertreibung der Deutschen und Polen im 20. Jahrhundert, Bundeszentrale für politische Bildung, Verlag C. H. Beck oHG, München

Zeitungen, Zeitschriften, Magazine und Literatur aus Internetseiten finden sich in den Anmerkungen.

Anmerkungen

Anfangszitat über die Gräber der Religionsstifter

Kirchenblatt für Tirol und Vorarlberg vom 28.03.1954

Einführung

1 Papst Franziskus am 23.10.2016 auf dem Petersplatz anlässlich des Weltmissionssonntages

Kindheit, Schulzeit und Entscheidung für den Jesuitenorden

1 http://www.centre-robert-schuman.org/userfiles/files/REPE-RES%20-%20Modul%201-1%20-%20Notiz%2020Bilanz%20 in%20Ziffern%20des%20Ersten%20Weltkrieges%20-%20DE. pdf, abgegriffen am 09.03.2019

2 Pater Leppich: Passiert., S. 54

3 Günther Mees: Pater Leppich spricht, S. 6 u. 7

4 Zeitzeugenaussage von Frau Elisabeth Müller-Klein, Bad Staffel-stein, vom 09.04.2019

5 Pater Leppich: Passiert., S. 21

6 ders., S. 22

7 ders., S. 14-15

8 Zeitzeugenaussage von Frau Elisabeth Müller-Klein, Bad Staffel-stein, vom 09.04.2019

9 Pater Leppich: Passiert., S. 24

10 ders., S. 16

11 https://www.kirche-und-leben.de/artikel/vor-25-jahren-starb-pa-ter-leppich-das-maschinengewehr-gottes/, abgegriffen am 04.04.2019

12 Archiv der Deutschen Provinz der Jesuiten (ADPSJ), Abt. 47, Nr. 269

Im Jesuitenorden

1 Pater Leppich: Passiert., S. 19

2 Reichsarbeitsdienstgesetz vom 26.06.1935, RGBl. I S. 769

3 Pater Leppich: Passiert., S. 20

Militärzeit

1 Walther Hofer (Hrsg.), Der Nationalsozialismus, S. 181

2 ders., S. 193ff.

3 ders., S. 227

4 Aus Hitlers zweiter Rede vor den Oberbefehlshabern der Wehrmacht am 22.08.1939 auf dem Obersalzberg (Aufzeichnung Böhm)

5 Heinrich Himmler über die Behandlung der Fremdvölkischen im Osten vom 15.05.1940

6 Pater Leppich: Passiert., S. 26

7 http://www.con-spiration.de/syre/files/nzv.html, abgegriffen am 03.05.2019

Kaplan in Gleiwitz, Einmarsch der Roten Armee

1 Max Czerwensky: Schlesien in weiter Ferne, S. 82-83

2 ders., S. 92-94

3 ders., S. 111

4 ders., S. 141-142

Potsdamer Konferenz

1 http://www.documentarchiv.de/in/1945/potsdamer-abkommen.html, abgegriffen am 04.04.2019

2 http://www.documentarchiv.de/in/1945/potsdamer-abkommen.html, abgegriffen am 04.04.2019

Im zerstörten Breslau, Seelsorger in Kohlfurt, Vertreibung

1 Zeitzeugenaussage von Frau Margot Mai, Friedrichshafen, vom 08.01.2019

2 Evelyne A. Adenauer: Beiträge zu Theologie, S. 151

3 Zeitzeugenaussage von Herrn Dr. Leopold Kornberg, Trier, vom 16.06.2018

Im Durchgangslager Friedland und in Göttingen

1 Zeitzeugenaussage von Herrn Anton Dörl, Göttingen, vom 30.11.2018

2 „Der Pilger", Kirchenzeitung für das Bistum Speyer, Nr. 40 vom 06.10.1985

3 Bundesministerium für Vertriebene, Flüchtlinge und Kriegsgeschädigte (Herausgeber): 20 Jahre Lager Friedland, S. 19

Im Ruhrgebiet, Mitbegründer der CAJ

1 Günther Mees: Pater Leppich spricht, S. 28

2 Pater Leppich: Passiert., S. 28

3 ders., S. 28

4 ders., S. 32

Der Asphaltprediger

1 Pater Leppich: Passiert., S. 35

2 www1.wdr.de/stichtag/stichtag7098.html, abgegriffen am 02.03.2019

3 action 365 international, Interne Mitteilungen für unsere Mitarbeiter und Freunde, Sonderausgabe zum 75. Geburtstag von Pater Joh. Leppich S.J., vom 16.04.1990

4 Anton Juli: Berichte und Ansichten eines PL-Reisesekretärs, Archiv des Sozialwerks Pater Leppich e.V., Meersbusch

5 ders.

6 Bonner Rundschau vom 14.06.1967

7 Von der Kirche „wie ich sie liebe", Der Tagesspiegel, Berlin, vom 04.07.1967

8 DIE WELT vom 24.12.1977

9 Der Tagesspiegel, Berlin, vom 04.07.1967

10 Aus der spanischen Zeitung „La Vanguardia"

11 Claus-Peter Levermann: „Mendener Geschichten"

12 ders.

13 Nürnberger Nachrichten vom 11.09.2014

14 Aus: Vertrauliches Material des Staatlichen Rundfunkkommitees der DDR vom 06.06.1965 (Mitschnitt einer westdeutschen Sendung)

15 Neue Ruhr-Zeitung: „Schickt die Kinderköpfe nach Hause!" vom 23.06.1965

16 Berliner Morgenpost vom 24.04.1963

17 Kontraste: Galerie der Buhmänner, der dritte Weg, Gespräch mit Pater Leppich (gefunden in der Stasi-Akte)

18 Öttinger und Burghausener Anzeiger vom 21.03.1952

19 Bonner Rundschau vom 14.06.1967

20 DIE WELT vom 24.12.1977

21 Kirchenblatt für Tirol und Vorarlberg Nr. 39 vom 24.09.1961

22 Claus-Peter Levermann: „Mendener Geschichten"

23 Pater Leppich: Passiert., S. 99

24 DER SPIEGEL vom 13.01.1954

25 Günther Mees: Pater Leppich spricht, S. 42

26 https://www1.wdr.de/mediathek/audio/zeitzeichen/audio-johannes-leppich-jesuitenpater-todestag--100.html, abgegriffen am 04.04.2019

27 https://www1.wdr.de/mediathek/audio/zeitzeichen/audio-johannes-leppich-jesuitenpater-todestag--100.html, abgegriffen am 04.04.2019

28 https://www1.wdr.de/mediathek/audio/zeitzeichen/audio-johannes-leppich-jesuitenpater-todestag--100.html, abgegriffen am 04.04.2019

29 Zeitschrift für Strafvollzug, herausgegeben von der Gesellschaft für Fortbildung der Strafvollzugsbediensteten e.V., Heft 6, Wiesbaden, Dezember 1968, Jahrgang 17, S. 327

30 DER SPIEGEL vom 13.01.1954

31 DER SPIEGEL vom 13.01.1954

32 Pater Leppich: Gott zwischen Götzen und Genossen, S. 28

33 ders., S. 25

34 ders., S. 38

35 ders., S. 94 ff.

36 ders., S. 46-48

37 ders., S. 49-50

38 ders., S. 62-63

39 ders., S. 117

40 ders.

41 Pater Leppich: „In grüner Hölle, S. 76

42 ders., S. 73-74

43 Action 365 informationen Nr. 17 vom Januar 1968

44 Aus einer Zeitung unbekannter Herkunft

45 https://www1.wdr.de/mediathek/audio/zeitzeichen/audio-johannes-leppich-jesuitenpater-todestag--100.html, abgegriffen am 04.04.2019

46 https://www1.wdr.de/mediathek/audio/zeitzeichen/audio-johannes-leppich-jesuitenpater-todestag--100.html, abgegriffen am 04.04.2019

47 Bonner Rundschau vom 25.02.1967

48 https://www1.wdr.de/mediathek/audio/zeitzeichen/audio-johannes-leppich-jesuitenpater-todestag--100.html, abgegriffen am 04.04.2019

49 Kirchenblatt für Tirol und Vorarlberg Nr. 39 vom 24.09.1961

50 Scherer, Marie Luise: Gags, Geist und Heiliger Geist, Morgenpost Berlin vom 05.07.1967

51 Petrusblatt vom 09.07.1967

52 DER SPIEGEL vom 13.01.1954

53 Matthias Beier: Eugen Drewermann

54 Bericht einer Zeitung zum 70. Geburtstag (gefunden in der Stasi-Akte)

55 Pater Leppich: Passiert., S. 56

56 Johannes Leppich: Christus auf der Reeperbahn, S. 30-31

57 Pater Leppich: Passiert., S. 136

58 Johannes Leppich: Atheistenbrevier, S. 273-274

59 Norbert Koch: Pater Leppich, der Hammer Gottes, ist zum Nahkämpfer geworden,
        DIE WELT vom 24.12.1977

60 Aus einem Bericht einer Zeitung in Ludwigshafen vom 07.06.1966

61 DIE WELT vom 11.03.1989

Action 365

 1 Pater Leppich: Passiert., S. 36

 2 ders., S. 37

 3 Aktion Pater Leppich: Ein Briefnoviziat, S. 14

 4 ders., S. 9

 5 ders., S. 10

 6 Zeitzeugenaussage von Frau Irmgard Hengge, Augsburg, vom 22.03.2019

 7 Pater Leppich u.a.: Dynamisches Apostolat, S. 7

 8 ders., S. 7

 9 Pater Leppich: Passiert., S. 38

10 Johannes Leppich: Christus auf der Reeperbahn, S. 157-158

11 Zeitzeugenaussage von Gerhild und Prof. Dr. Horst Teltschik, Rottach-Egern, vom 17.02.2019

12 Zeitzeugenaussage von Prof. Dr. Horst Teltschik, Rottach-Egern, vom 17.02.2019

13 Zeitzeugenaussage von Frau Irmgard Hengge, Augsburg, vom 22.03.2019

14 Zeitzeugenaussage von Herrn Heinrich Heinzl, Darmstadt, vom 22.12.2018

15 Zeitzeugenaussage von Herrn Prof. Dr. Horst Teltschik, vom 17.02.2019

16 Köppen, Ernst: Verpackte Hilfe, S. 71

17 Pater Leppich: Passiert., S. 121

18 ders., S. 61

19 Pater Leppich: Meditationen auf dem Asphalt, S. 66

20 https://www1.wdr.de/mediathek/audio/zeitzeichen/audio-johannes-leppich-jesuitenpater-todestag--100.html, abgegriffen am 04.04.2019

21 Zeitzeugenaussage von Pater Eberhard von Gemmingen, München, vom 07.03.2019

22 Adventbrief an die Regionalpriester vom 14.12.1967

23 Zeitzeugenaussage von Pater Eberhard von Gemmingen, München, vom 07.03.2019

24 Pater Leppich: Passiert., S. 60

25 ders., S. 75

26 Ulrichsblatt, Kirchenzeitung für die Diözese Augsburg, vom 13.06.1971

27 ders.

28 ders.

29 Pater Leppich: Passiert., S. 73-74

30 Zeitzeugenaussage von Pater Gundikar Hock SJ, Berlin, vom 26.01.2019

Kritik und Gegnerschaft

1 Kontraste: Galerie der Buhmänner, der dritte Weg, Gespräch mit Pater Leppich (gefunden in der Stasi-Akte)

2 Landtagsprotokolle des Landtags des Fürstentums Liechtenstein 1966, S. 184

3 Zeitzeugenaussage von Pater Bernhard Ehlen SJ, Köln, vom 07.03.2019

4 Zeitzeugenaussage von Pater Eberhard von Gemmingen SJ, München, vom 07.03.2019

5 Der Pilger, Kirchenzeitung für das Bistum Speyer, vom 12.05.1985

Letzte Jahre und Tod

1 Koch, Norbert: Pater Leppich, der Hammer Gottes, ist zum Nahkämpfer geworden, DIE WELT vom 24.12.1977

2 Aus: Offizielle Mitteilung des Jesuitenordens zum Tod von Pater Johannes Leppich SJ vom 08.12.1992

3 Pater Leppich: Brief ohne Datum (vermutlich aus dem Jahr 1991)

4 Pater Leppich: Brief ohne Datum (vermutlich aus dem Jahr 1991)

5 tz, München, Bericht vom 11.09.1991: Pater Leppich, Mit witzigen Zeitungs-Inseraten auf Seelenfang"

6 Archiv der Deutschen Provinz der Jesuiten (ADPSJ), Abt. 47, Nr. 269,1

7 tz, München, Bericht vom 11.09.1991: Pater Leppich, Mit witzigen Zeitungs-Inseraten auf Seelenfang"

8 ders.

9 "Kritisiert und mäkelt nicht nur, sondern tut etwas: Tecklenburger Landbote vom 24.08.1992

10 Brief an Freunde, Mitarbeiterinnen und Mitarbeiter vom Ende des Sommers 1992

11 Archiv der Deutschen Provinz der Jesuiten (ADPSJ), Abt. 47, Nr. 269

12 Zeitzeugenaussage von Frau Irmgard Hengge, Augsburg, vom 22.03.2019

13 Zeitzeugenaussage von Pater Bernhard Ehlen SJ, Köln, vom 07.03.2019

14 Archiv der Deutschen Provinz der Jesuiten (ADPSJ), Abt. 47, Nr. 269

15 Erinnerungen von Herrn Volker Hollender an die Beisetzung (Archiv der action 365 international)

16 Aus einer Mail von Walter Kardinal Kasper an den Autor vom 29.03.2019

17 Zeitzeugenaussage von Pater Eberhard von Gemmingen SJ, München, vom 07.03.2019

18 Zeitzeugenaussage von Pater Bernhard Ehlen SJ, Köln, vom 07.03.2019

19 U.a.: Die Kirche - das bist auch du und ich, Kirchenblatt für Tirol und Vorarlberg vom 28.03.1954

Bildnachweis

Abb. 15 Alte Postkarte unbekannter Herkunft

Abb. 16 Altes Foto unbekannter Herkunft

Abb. 17 Diözesanarchiv der Erzdiözese Wien

Abb. 18 Familienfoto Leppich

Abb. 19 BUCHMANN [CC BY-SA 3.0 pl (https://creativecommons. org/licenses/by-sa/3.0/pl/deed.en)]

Abb. 20 Archivsignatur: ADPSJ, Abt. 800, Nr. 4686

Abb. 21 Bundesarchiv, Bild 183-1990-0323-501 / CC-BY-SA 3.0 (https://creativecommons.org/licenses/by-sa/3.0/de/deed.en)]

Abb. 22 Bundesarchiv, Bild 183-R86965 / CC-BY-SA 3.0 [CC BY-SA 3.0 de (https://creativecommons.org/licenses/by-sa/3.0/de/deed.en)]

Abb. 23 Altes Foto unbekannter Herkunft

Abb. 24 Altes Foto unbekannter Herkunft

Abb. 25 Thomas Alber, Friedrichshafen

Abb. 26 Mohylek [CC BY-SA 4.0 (https://creativecommons.org/ licenses/by-sa/4.0)]

Abb. 27 Dr. Leopold Kornberg, Trier

Abb. 28 Fotograf/in unbekannt/Museum Friedland

Abb. 29 https://de.wikipedia.org/wiki/Datei:Altenberger_ Dom_1925.jpg#filelinks

Abb. 30 Altes Foto unbekannter Herkunft

Abb. 31 I. Berger [CC BY-SA 3.0 (https://creativecommons.org/ licenses/by-sa/3.0)]

Abb. 32 Bayerische Staatsbibliothek München/Bildarchiv

Abb. 33 Archivsignatur: ADPSJ, Abt. 800, Nr. 4692

Abb. 34 Archiv des Erzbistums Bamberg, Rep. 80 Slg 6/3 Nr. 3044

Abb. 35 Archivsignatur: ADPSJ, Abt. 800, Nr. 4708

Abb. 36-39 Archiv Claus-Peter Levermann

Abb. 40 KNA_132190

Abb. 41 DER SPIEGEL, Ausgabe vom 13.01.1954